微商小白 零门槛创业

小白 著

小虾小地 · 抱抱熊的城市梦 · 缤纷理发店 · 明亮的橘子
阿胶妈咪 · AUTOLAB: 实验行者
捍卫童年 · 霹雳春风 · 仙草帝国 · 玩转大学
与美有关 · 归田辞 · 革命之路

湖南人民出版社

图书在版编目（CIP）数据

微商小白：零门槛创业 / 小白著. —长沙：湖南人民出版社，2017. 12
ISBN 978-7-5561-1846-5

I. ①微… II. ①小… III. ①网络营销 IV. ①F713.365.2

中国版本图书馆CIP数据核字（2017）第292878号

WEISHANG XIAOBAI LING MENKAN CHUANGYE

微商小白：零门槛创业

著　　者　小　白
责任编辑　黎晓慧
特约编辑　谭云东
装帧设计　黎　珊

出版发行　湖南人民出版社 [http://www.hnppp.com]
地　　址　长沙市营盘东路3号
邮　　编　410005

印　　刷　湖南凌宇纸品有限公司
版　　次　2017年12月第1版
　　　　　2017年12月第1次印刷
开　　本　710 mm × 1000 mm　1/16
印　　张　13.25
字　　数　168千字
书　　号　ISBN 978-7-5561-1846-5
定　　价　30.00元

营销电话：0731-82683348　（如发现印装质量问题请与出版社调换）

序言

千万幸福

妈妈喜欢叫我小熊，因为我有很大的力气。本来我的力气很小，就是因为妈妈是微商，我得帮她搬货送货，所以我成了大力士。

我的妈妈不用上班，她可以天天陪着我，陪我去学游泳，陪我去学跆拳道，陪我去学英语兴趣班。但是她也时时陪着她的手机，妈妈说手机就是她挣钱的工具，没有手机就没有办法挣钱，就不能给我更好的生活。妈妈很辛苦，从来没有见过她早早地睡觉，一直忙到很晚，那个时候的我估计早就进入梦乡了。平日里，我会帮妈妈干活，洗碗，扫地，晒衣服。最开心的就是帮妈妈送货，和妈妈一起出去做活动。我是一个很大胆的孩子，很感谢妈妈对我的影响，在地推活动我能很积极地去给美女阿姨们送试用装：阿姨，我妈妈是做千金净雅的微商，你扫二维码，就可以送体验装给你。我曾经帮妈妈加了几个好友，有两个成了我妈妈的代理，我是不是很棒呀！

小熊

这是一个9岁孩子写给妈妈的信，在朋友圈疯狂转发几万次之后，很多母亲感动地流下了热泪——在这样一个被漠视的行业里，却有一个孩子，响亮地喊出了劳动就是幸福的心声。它里面描述的生活——送货，推广，扫二维码，也许在匆匆而过的人流中，只是不值一提的常态，甚至很多人都懒得多看一眼。但这个孩子响亮的喊声你却无法听而不闻，它里面有这个行业沉默的影响力和一种渴望，一种很迫切的价值认同。

这是一个没有历史的行业，但芸芸众生，正在以洪流的姿态创造自己的历史。

据统计，2016 年全国微商从业人数已经接近 1600 万人，堪称中国最庞大的就业群体之一。这当中既有相当数量的自主创业、自产自销的小微商，也包含动辄五六十万经销商的大型微商品牌团队。而微商，仅仅是一个在 2014 年才起步的新兴电商行业，相比起另一个巨型电商群体淘宝，发展速度堪称奇迹，而且越来越有全民化的趋势。要知道，淘宝历经 14 年的不断发展、规范和洗牌，至今店铺数量仍不超过两百万家。

因此，对微商人群的生存状况和价值观的调查，已经成为刻不容缓的任务。对于一个从业数量如此庞大的群体而言，单纯的吹捧和批判都毫无意义；对于我们而言，严肃的课题是能否真实呈现他们；对于他们而言，严肃的课题是能否与社会和谐共存，共同发展，乃至能否成为中国经济的活跃力量，成为社会文明进步的力量。虽然我们无法在瞬间找到这两个命题的答案，但我们仍要向这芸芸众生的幽微之处努力探索，这是在当前就业形势仍然严峻，经济增长实现软着陆的大背景下，非常有积极意义的探索，亦符合当今社会鼓励大众创业、万众创新的主题。

微商是迄今为止自由经济主义最极致的体现。所谓自由经济，是给既有经济格局带来强大冲击和震荡的洪荒之力，因此，它前进的每一步都必然受到种种质疑、批判乃至强烈抵制。在初始阶段，微商的模式、前景、法规都饱受质疑。对微商行业商业道德和商业规范的关注，曾经在 2015 年成为热点，这是由毒面膜、传销、伪劣保健品引发的舆论压力，当时包括央视在内的主流媒体纷纷对微商行业的健康发展给予关注。而经过 2016 年的行业大洗牌之后，绝大多数微商走上了规范经营之路，少数的恶名微商，也被迫在市场销声匿迹。

这既得益于政府部门对微商监管条例的不断完善，也得益于微商，尤其是大型的品牌微商对内在组织架构的自我完善。在经历了两年多的野蛮生长之后，微商终于走上了健康发展之路，并在2016年下半年重拾升势，再次呈现出爆炸式增长的势态。

因此，在走上了规范化经营之路后，微商价值观建设，微商的商业文化建设，也日益显得紧迫起来。一个上千万人的行业，不能没有自己的话语力量和精神价值。可以想象的是，一个没有健康的价值观，没有精神空间的行业，肯定是一个恶名行业，只能诞生罪犯和社会毒瘤。制造业会以工匠精神为傲，开拓精神则支撑着IT从业者前赴后继，如果医疗、教育这些行业失去了牺牲精神、奉献精神，对社会的危害不可想象，如果没有国家领导人对淘宝村的屡次考察，媒体对淘宝优秀人物的大力宣传，淘宝的形象也不会像今天这样鲜亮。一个行业的兴旺，除了经济需求之外，更重要的是价值观能否被社会认同。价值观不被社会认同的行业，除了消亡和被替代，没有其他的路可以走。一个典型的例子是野生动物制品，象牙虎骨有市场需要，但道德文明不允许，于是捕猎行业只能沦落为盗猎行业。因此，我们才有了这一步微小的探索，力图选取各类不同的微商人物典型，打开微商的精神世界。

不可否认，一个行业的肇始肯定是逐利而生的，逐利是人在文明社会的本能，人也必须于逐利的过程中实现自我完善和找到精神空间。在微信诞生之前，微商其实已经开始萌芽了，这个时期的微商定义应该不是以微信作为沟通和营销工具，微乃是微小的微。有一批极具商业敏感的人，利用QQ空间、人人网、开心网之类，面向熟人销售一些小商品或者为其代购，交易模式为原始的信任制交易。因为仅仅局限于熟人和通信录好友，这个生意范围可以称为微商——这个定义一直传承到了现在的微商，只是有了微信这个大一统的平台之后，熟人、熟人的熟人之间横向关联，可以突破微信通信录5000个好友的上限，把微商做成大生意。

微商的鼻祖到底是谁，这是一个非常有趣的话题。2011年微信刚刚诞生，就有人开始用它招徕生意，因为这是一个通信工具，就像有电话就肯定有电话营销那样自然。这时候微信只是推广工具，并不具备严格的商业属性。真正让微信具备了商业平台领先优势的是两件大事，第一件是2012年4月19日，微信增加了朋友圈功能，这是天然的广告平台和营销阵地；第二件是2013年8月5日，微信发布了微信支付，这让便捷的交易成为现实。

我们相信这片新大陆不是一个人发现的，而是很大一群人一起发现的。而检索各种资料表明，大家更乐意于把微商鼻祖的封号送给俏十岁的老板武斌——这并没有什么不妥，一个活生生的可以仔细观察到的个体，总比一群笼统概念的人更能代表一个行业。据武斌先生自述，他在试制成功了蚕丝面料面膜之后，生意一度不成功，积压了很多货，他就送了一批给周围的朋友，这些朋友，尤其是一些时尚达人，开始在朋友圈里晒这些面膜，引起了一些关注和购买意愿。2013年3月开始，武斌的朋友们开始通过微信朋友圈和微博渠道进行展示和销售。从一盒两盒到八盒十盒，再到成千上万盒，俏十岁居然火了。

当然，如果我们去广州兴发广场、美博城之类的化妆品批发市场仔细问问，或者山东临沂、义乌小商品市场之类的地方，肯定会找出不少人能说类似的故事，甚至他们的时间要早于2013年3月，但问题是他们并没有武斌有名，他们的商品也没有俏十岁那样响亮，如果为了营销目的去争这个微商鼻祖的封号，也肯定不能成功。总之，是武斌开启了微商品牌之路，也开启了微商疯狂的面膜年代。

2014年底，俏十岁回款达到十亿元，这个新品牌用一年走完了老品牌需要二十年时间才能走完的道路，这如同一声惊雷震撼了整个美妆行业，速度快到让人几乎来不及看清是怎么回事，真金白银就滚滚而来，所有品牌都眼红了，纷纷开始向微信淘金。几乎与俏十岁同步，拥有黛莱美、天使之魅、纾雅、素佳等四个品牌的思埠集团也迅速达到了二十亿的流水。

几乎每个人都记得那个疯狂的面膜年代，就在一夜之间，朋友圈充满了各种炫目的美妆图片和面膜的暴力刷屏，甚至还有大批名人、明星加入到微商面膜大军，有报道扯进了撒贝宁、赵本山。可以认定的事实是有不少娱乐业名人成立了面膜公司，亲自代言发展微商大军。2015年上半年国内面膜市场增长了四倍，涌现了上千个面膜品牌。

在这逐利而生的面膜风暴背后，却是触目惊心的微商乱象，最终使得微商的形象跌到了最低点。大部分面膜都是三无产品，违规销售，一无研发，二无注册，就在朋友圈晒几张图，即可推出自己的面膜品牌，货则从各类小作坊和小批发商那里随意选取，为了疗效随意添加各类激素、荧光剂和重金属等违禁物质，营销则是以传销模式，快速圈钱扩张。打造一款“国际大牌面膜”，从创牌到上市销售，竟然只需要一个月时间。一家历史悠久的真正大牌美妆公司的负责人曾痛心疾首地告诉记者：“整个行业都被微商搞乱了，搞臭了，现在所有的人不只是怀疑微商，而是开始怀疑面膜。”

这不仅仅是整个行业的信任危机、道德危机和形象危机，当这个危机还没有解除的时候，更多的微商产品，更多的微商品牌，更多的微商类型，又在以与面膜同样快的速度发展起来。

仅仅2014年，全国就有一千万家微店问世，平均每天都有三万到五万人开始从事微商，不仅仅是面膜这类极需个性化展示的产品。微商B2C（商对客）模式的魅力其实是其他平台无法替代的，它充分满足了消费者多元化、个性化的需求，将大量碎片化产品以社交化模式紧紧黏合消费者，经朋友圈快速反应、零等待沟通，优秀的微商确实能让消费者获得比传统的电商更踏实的消费体验，微商的B（商家）端也比传统电商的定制化生产和销售拥有更为灵活和及时的优势，例如蛋糕、鲜花、私厨之类的产品，越来越多人更倾向于使用微商渠道。2015年由此进入了一个人人微商的时代，这个时代的微商领袖，巧妙地把李克强总理在夏季达沃斯论坛上的讲话作为自己的行动纲领：“以政府自身革命带动重要领域改革，以大众创业、万众创新形成发展的新动力。”

本来就是零门槛的行业，无数的草根、宝妈，渴望兼职的白领都在等待着这个机会，去圆他们的开店梦、创业梦、品牌梦、自由梦……一时间，江河滔滔，泥沙俱下，和千万草根一起投入微商狂欢的，还有无数的传统名牌、产业巨头。2015年，苏宁易购、友阿集团等零售巨头纷纷发动员工开设微店，销售自家产品，海尔、婷美、杰士邦、好想你、百雀羚、康美、浪莎、苏泊尔、韩都衣舍等传统品牌纷纷建立了自己的微商营销体系，其中也包括中国妇科健康的领军品牌千金药业，他们发布的两款互联网特色的女性护理必需品，迅速占领了市场。这些巨头们在建立自己的微商体系的同时，也在传统媒体上进行了大量的宣传投放，报纸、电视、网页，所有人都看到了这些最具信任度品牌的微商广告，所有人也都相信微商时代的到来是天经地义。而微商萌芽的面膜领域也发生了惊人的变化，大量劣质中小品牌、新创品牌难以为继，传统大牌又纷纷杀入面膜领域，于是中小品牌纷纷销声匿迹，代理商们纷纷转投大牌怀抱，成为正规军。大牌们为微店消费者提供了优质商品，也为微商行业带来了号召力。

如果说微商是一群草根从底层发动的电商革命，那么产业巨头们也开始对这场革命认同，并极大地抹平了微商的草根阶层属性，这让大量底层的经销商获得了尊严和价值认同，他们摆脱了“另类”“旁门左道”等标签，成为一个获得初步认可的阶层。

之所以说是初步，一方面是因为行业规范仍未确立；另一方面则相当复杂，微商动摇了电商格局，触犯了一些既得利益，少数必须惩戒的害群之马却被传媒夸大为行业的整体弊端。2015 年春季，一系列以“微商乱象”为主题的节目在权威媒体上陆续播出，几乎使微商行业遭受灭顶之灾，其实这一系列节目应该以“×× 公司乱象”为题更为合适，传销式三级分销体制成为微商的万恶之首。本来作为一个电商平台，微商应该以把优质产品垂直传递给消费者为目标，但在三级分销乃至多级分销体制下，圈钱圈人才是主要目标，经过层层返利之后的商品，等到终于达到消费者那里的时候，已经变得质次价高，完全不具备任何商品竞争力。

这场严厉打击、严厉查处的监管风暴开始被业内人士称为“黑五月”，它深刻地击中了全行业的要害，使得微商行业的口碑在 2015 年末跌到了谷底，但同时也为行业的大洗牌奠定了基础。除了万恶的分销模式，微商发展之初的一些弊端也被大力抨击，本来基于社交工具的微商却在丧失友好的社交，朋友圈暴力刷屏、圈粉，社交资源被无限滥用。诚信本为一切社交的基础，也被少数微商大肆破坏，消费者在被拉黑之后投诉无门。所幸的是，这场风暴从单纯的舆论监督、工商查处转变为同步出台各种行业规范和指导性意见，为今后微商的健康发展奠定了基础：

2015 年 1 月初，微信第三方服务平台微盟发布《微商公约》，以微信第三方服务商的角度，从倡议行业自律并结合技术手段来规范微商交易行为。对于第三方服务商而言，唯有健康的微信生态才能赢得微商未来。

2015 年 4 月，深圳市政府与腾讯微信协商，试图实现对微商产品的来源地追溯，同时制定对制假售假企业的惩罚机制。

2015 年 9 月，曾风靡一时的微商产品“随便果”因涉嫌违法生产，多级分销被查处，罚款 1034 万元并立案。

2016 年 6 月，商务部下发《无店铺零售业经营管理办法（试行）（征求意见稿）》，微商入行门槛将因此而提高，卖家以后将提交营业执照、经营许可、授权证明等文件。

2016 年 7 月，微信公众平台“关于处理返利返现欺诈行为”的公告发布，数千家微商受到处理，多级多层的消费佣金返利返现行为得到极大程度的遏制。

2016 年 10 月，微商平台“云在指尖”因涉传销被查出，被没收非法所得 3950 万元，罚款 150 万元，案发时该平台已发展会员两百余万人……

2016 年 10 月，工信部推出微商运营师认证，中国电子商务协会和国家培训网在北京组织了首次微商运营师资格考试……

这一系列的组合拳在客观上为微商起到了正本清源的作用，经过早期的跑马圈地和野蛮扩张之后，越来越多的微商高层认识到完善的内部制度、健康的商业模式才是微商发展的根基，圈钱式思维已经被大多数微商所抛弃。在内要有健康的肌体，在外要有健康的生态，这一观点开始被大多数微商奉行，并在 2016 年纷纷付诸行动，最终迎来了 2016 年全行业的第二次快速增长。

对这个发展历程的简短回顾，充分证明了这样一个事实：所谓自由经济由市场自发调节，绝不是一个理想化、简单化、概念化的过程，它必然充满各种碰撞，充满各种复杂力量的博弈。所谓自由经济，最后仍然会是人为的结果，其中国家力量是关键，无论任何形态的经济体，最终仍然是国力的一部分，是国际经济竞争的一部分。因此，国家的引导和干预，最终才是微商立足的决定性力量。

国家的指导意见最后内化为微商们的集体行动，反映在业态上，这次由上至下发动的变革以实现平台化、垂直化，去层级、去囤货为主要特征，最大限度发挥微商基于社交平台的天然优势。虽然说微商的“熟人经济”是以信任为基础，但这种信任仅仅是个体对个体之间的单薄信任或者说是单向信任，平台则以企业为个人的信任做了背书。优质微商现在已经全面实践了平台化，用多种手段解决了微商的信任危机。这当中包括采用第三方交易系统，提供信用体系，解答买卖双方之间的疑惑和纠纷，商品的规范和品质保证。

伴随平台化一起实现变革的是运营模式和分销模式，作为微商知名品牌的思埠和千金药业等企业在这方面一直在进行有益的探索，运营模式每年都在向更合理的方向发展，这当中最主要的变革方向是去层级化。去层级化的手段既可以将各级代理变为微客服和微销售员，也可以将他们变为传统模式的批发商和区域代理商，从而实现垂直管理和渠道的扁平化。去层级化解决了中间环节多、压货多、价格体系混乱等问题，但却不是能够轻易实现的，管理者需要面对收益减少和管理成本上升等诸多难题，但这个大方向已经不可逆转，未来总能找到在收益和成本之间的可靠平衡。

以上关于微商发展历程的内容为了叙述方便，我们只是简要地归纳了一些主要的微商以及各种大事件，而更多的碎片化个体将出现在本书的主要内容之中。这些个体既具备了微商 3.0 时代的现代化特征，也具有了强烈的个人特征。总而言之，在短短两年的时间里，微商就已经经历了如此激烈的变化，从而得到涅槃式的重生，并开始改变传统的电商格局，令从前对它蔑视的主体无地自容。这是一场全新的电商模式革命，革命是弱者对于强者的挑战，只有在弱者转化为强者的前提下，才能够诞生新的话语和游戏。在这场革命之中，从前的弱者，广大的微商小白们逐渐认识到自己的力量，产生了集体意识和认同感，最终成为一股强大的商业力量，从前在舆论上的弱势地位也开始发生了变化。

商业竞争永远是残酷的，如果微商还处在弱势地位，它是没有权力和强者谈道德诚信的，只有强者才可以挥舞拳头，向弱者教育道德诚信。而现在强弱的地位终于开始改变了，在大环境彻底改善的背景下，微商步入了春天，各种业态都在蓬勃盛开。和以往任何电商模式不同的是，微商的成功并不是一个整体上的成功，而是无数个体的成功，与其说微商的兴旺是因为模式的魅力，还不如说是因为在社交平台上的个体魅力。

因此，广大微商拥有了讲述自己故事的权利，在这本讲述微商故事的书中，我们之所以选择了各种业态、各种阶层的微商个体，而非公司或者品牌来作为主人公，正是想让读者更近距离地观察他们，体会他们的拼搏和收获，以及他们面对逆境的解决之道。如果一个行业的价值观和成功之道不能在一个个单独个体上得到贯彻，如果一个行业每个人都是相同的商业机器，那这个行业必将失败和消亡，因此遴选具有代表性的个体非常有必要。他们可简要归纳为以下几类。

第一类是自主创业、自产自销的个体微商，比如本书中外卖小龙虾的谢小地、自己熬驴胶的刘杨、种植灵芝的宋佳伟，他们都具备了精湛的专业技能、强烈的冒险精神和一颗勇者之心。第二类是各类品牌代理，有专职的也有兼职的，他们一般入行的时候都是抱着普通的梦想，向往普通的幸福，由于个人的努力和机缘，收获了不同的幸福，比如本书所述的熊蓉、雷小兰，她们如今都在向平台化微商转型。第三类则是社群微商，这类微商往往具有高学历，文化内涵厚重，具备广阔的视野和前卫的人生大局观，他们依托各类公众号、公众平台施展个人魅力，吸引粉丝，不仅仅是做销售，而且是在某一个领域进行创新式的发展。本书中的代表人物是侍弄稻谷的报社高管董谦、做品牌珠宝的李皆乐和做汽车试验的赵奕。

他们有的人曾经久久挣扎于社会最底层，不愿意受他人控制，自己又无路可去，成为微商小白点燃了他们卑微的梦想；有的人曾经生活在富足豪门，一夜之间又沦为平民，需要很长时间去弥补心理上的落差，使用的方法是微商创业；有的人曾经是明星，在经历千万次思考之后，才发现鲜花掌声过后，需要一次漂亮的转身，那个转身后的道路豁然开朗；更多的人则是在微商领域找到了发挥自己一技之长的空间，他们拥有某个领域的技术能力，或者是统筹策划的天赋，微信让他们的事业轻松起步，更快地获得成功。他们的个性和经历都是如此不同，但有一点是相同的，即无论自身的地位是卑微还是高贵，无论是摆脱贫困还是追求更高远的目标，他们的自身都有无限的光明，而且从不让任何人去遮蔽自身的光明。

他们的故事可以告诉你，微商的勃勃生机既来自如此丰富多彩的业态和商品层次，也来自如此丰富多彩的个人魅力和苦乐人生。我们之前讲述微商发展的曲折历程，是为了说明在这个历程中，微商不仅仅在接近健康、诚信、规范的行业目标，也在靠近文明、进步、繁荣的更高社会目标。

总有一天，这个行业也会塑造一种叫作“微商精神”的核心价值，这个价值事关千万名微商从业人员的荣耀和幸福，也事关社会的繁荣和稳定。至于“微商精神”的内容到底是什么——我想我们每讲一个微商的故事，都是为这个内容做一次绵薄的努力。

小白

2017年9月10日

目录

小虾小地

PART · 1

有着数千万身家的父亲去世后，谢小地突然发现父亲什么都没有给自己留下，他开始在朋友圈卖自己做的小龙虾，骑着电动车满街送货，这一刻，他必须长大。

你知道深夜一两点，夜宵摊食客散尽的时候，老板和伙计会忙些什么？

你看见他们收拾桌椅和残羹冷饭了，你以为他们此刻和你心情一样愉悦，收拾完了就洗洗睡？

不是的，他们要去进货，去进货！

不管你带着酒劲继续作战还是辗转难眠，他们都还有一大堆事情，最重要的是进货！进货！

因为只有凌晨的鬼市才能买到二两一只的野生小龙虾、四两一只的野生大闸蟹，还有野生鱼、走地鸡、土猪肉、野菌子……勤奋的老板会在十二点准时出门进货，懒惰的会在六七点钟去进货。勤奋的会抢到个头最大的，懒惰的只能拣一点发育不全的，但好歹也是野生的。如果你和退休老人一起八九点钟去市场，那就什么都没有了，你只能买到养殖的，这些东西白天随便什么时候都能买到。

现在明白了吧，做小龙虾不是好玩的，你拿什么货来吸引食客很重要，别人吃了一盘只有小拇指那么大的龙虾之后，估计再也不会来了，即使是大号的龙虾，做熟之后身体要紧紧弯曲，掰开之后腹部要白净，这才能证明是来自干净水的鲜活小龙虾。卖小龙虾也不是好玩的，他们得午夜前把货送到市场，因

>>> 女儿已经习惯了爸爸的生活节奏

为白天货车农用车不让走。

谢小地就是选择在十二点出门找货，那个时候他差不多已经睡了两个小时了。老婆晚上十点回家，他就把一岁的女儿萌萌托付给老婆，自己睡一会儿。进完货以后，凌晨四五点，他已经把虾子洗干净了，佐料配好了，用油炸过一轮了，懒老板们才开始披星戴月刚刚出门。

然后谢小地会选择再睡一会儿，中午开始发朋友圈，晒小龙虾的个头。他把朋友圈用得很节省，基本只晒一次，接下来就是接单。接几个单后又去朋友圈晒下今天剩余的份数。等单接得差不多了，计算好路线，他就开始骑上电动车，以雷霆万钧之势送快递。

其实懒老板们也不是懒，就是更会享受而已。食客散了，留下几个熟人，继续喝一会儿，盘点账目，指挥伙计打扫。

做微商的没有店面，也没有现金往来，所以没有那么多事。

谢小地骑电单车又快又稳。大多数顾客都要选晚餐这个时候收货，这时候就是最堵的时候，他不开自己的大众高尔夫，只能开电单车。

他本来可以成为一名职业足球运动员，但现在他是微商卖虾蟹的谢小地。

他以前的招牌是足球，现在的招牌是“虾得地”，在长沙话里，这个词的发音就是不得了的意思。

他以前是土豪老爸的儿子，现在是二十六岁的爸爸。

哎呀，这剧情也翻转得太快了，到底发生了什么？

这其实一点也不奇怪，都是生活经验嘛。这是一个多么癫狂的时代，在别人眼里，土鸡一夜要变凤凰，老虎落难又不如狗，但你怎么知道凤凰就一定幸福，做狗就一定悲催呢？

谢小地算是生得命好的，爸爸是长沙最早做进口豪车生意的人，1999 年就在长沙火车站旁边买了一栋带院子的楼房，开了长沙最早的 4S 店。那个时候车行还不像现在这样在郊区扎堆，都开在城里，自己买地开，真正的土豪。爸爸爱宝马，爱劳力士，除了车行卖宝马，自己家里先后也有很多宝马，宝马 740，宝马 GT，宝马 318……命运这个东西有时候就是一场电影，你想看见银幕后面是什么，都没门，可怜天下父母亲，都只给孩子看好看的。

爸爸很爱谢小地是毋庸置疑的，小学毕业进了贵族中学读书，这种学校一般非富即贵，没有哪个同学告诉他，如果没有钱，没有好爸爸，世界应该是什么样子的。爸爸给他刻意营造的道路是，勇敢追逐自己的梦想，爸爸会为你准备好一切。他认为爸爸是顶天立地的英雄，也认为自己生来就是拥抱梦想的。初中毕业的时候，谢小地成绩一般，踢足球踢得很好，爸爸就送他去了申花足球学校，每年要花上不少的钱。谢小地属于那种天才型的，中国球员很少有他那样娴熟的球感，中前场过人都一串串地过，但他身体比较瘦弱，上初中的时候，大家都没有主动练肌肉的意识，实际上他进申花足球学校已经有点晚了，等到毕业的时候，中超打不上了，低级别的联赛他又不屑于去打，就满不在乎地去当了几年兵，成为部队里的足球健将。对于未来，他从未操心过，谁让他的爸爸是土豪呢？

离开了足球，谢小地的命继续好下去，进了爸爸熟人的公司，熟人对他很关照，要他负责采购接待，好吃好玩，这又给他一种错觉：原来上班就是这样好玩，同事对他都很宠爱，难办的活都没有他的份。他隐约感觉到他可能是靠拼爹拼赢了，但又不敢把这问题仔细想下去，因为这没有什么不公平的，如果一个更勤奋的爹，让自己的孩子过得还不如一个懒惰的爹，那才叫作不公平。他有时候会省下一些钱来，给爸爸换下手机，给妈妈买个首饰，他以为这就是报答，这就是他已经长大的体现。另外两个问题他根本就没有想过——职场是什么？一个男人活着的本钱是什么？

他以为这就是生活的本来面目，公司给他的待遇已经很好了，不够还可以继续找爸爸。后来听说自己的同窗好友进了申花队，进了国家队，挣大钱了，他也不嫉妒，嫉妒是比不下去又不服的感觉，他觉得自己肯定不会输给他们。其实他进不了中超队也是有点冤枉的，中国足球有点急功近利，教练都喜欢选拔身体强壮的队员先进一线队，但是一旦到了顶级赛事，中国球员技术上的弱点就是致命的。

他幻想的最好日子，是可以一边上班，一边踢顶级的业余比赛，能当那种职业化的业余球员，拿两份工资。可惜长沙没有这样的球队，武汉和广州才有。

噩运总是在不经意间降临。

先是爸爸得了癌症，很快去世了，甚至还来不及写一份遗嘱，因为他根本没有想过自己会扛不过去，他心理上一直是一个强者，保护好身边的所有人，甚至癌症都算不上困难，该做生意继续做生意，该玩继续玩，有时候下午打完化疗针，晚上又去接见朋友。其实在他彻底倒下之前，世界已经不是他想象的那样了，合作伙伴早就心怀鬼胎，一个人的病倒，却成了另外一群人的机会。一群小人，已经开始算计他的财产和资源了，甚至有一个好朋友，明明知道他得了癌症，仍然借了他三百多万，又人间蒸发了——他最早的成功源自于做人讲江湖道义加上勤勉和运气，但后来，江湖还是那个江湖，道义却不是几十年前的那个道义了。他后来说不清话，也看不了文件，所有的账目都乱了，家里人没有谁能搞得清。

为爸爸守灵的那几夜，谢小地看见无数的亲朋来来往往，请来的唱戏班子唱了《状元与乞丐》，讲的是贫贱小子及第登科的故事。唱戏班子唱完了，又来了流行乐队，一个键盘手，一个打击乐手，加上一个唱歌的女人。来悼唁的江湖豪客们纷纷点歌，说是点给他爸爸，《朋友》《送战友》《爱你一万年》，一首一首唱到凌晨，点歌后来成了炫富斗气，先是一千块点一首，后来变成两千、六千、一万，乐队唱得声嘶力竭，唱不动了，这些叔叔伯伯再磕个头，也散了。世态炎凉，人间悲喜，那几天他好像全看见了。

爸爸走后，谢小地只记住了两件事，第一件是爸爸给他留下了一百七十万的遗产，但一百七十万他一分钱都拿不到，都在别人那里。但别人说根本没有

>>> 女儿让谢小地对人生有了更多的思考

这回事。他有一张七十万的欠条，但欠款人根本不理他：你有本事打官司去啊，说不定你这欠条就是假的。

第二件事情是，爸爸走了之后，以前在家里来来往往的那些伯伯叔叔，一个比一个疼爱他，后来再也没有见到过一个，真的，连一个都没有，甚至连一个问问他后来过得怎么样的电话都没有。

接下来，他上班那个公司的熟人也调走了，他马上被换了岗位，成了一个月只有两千多工资的闲人，他才发现自己是一个既没有专业特长也没有行政能力的人，他的自尊心完全被摧毁了。以前同事是迫于领导的淫威，不得不对他客气点，现在报复的时候也到了，他都不知道他在这里上班积累了多少羡慕嫉妒恨哪。

他只能辞职，他被一种叫作噩运的东西，一把揪住扔到了大街上，和那些满大街找钱的人没有两样了。

爸爸去世后几个月，他结婚了。又过了几个月，孩子出生了。爸爸留给他一套旧房子，他贷款花了几十万装修，贷款买了一辆新车，迎接这个女儿的到来。车是刷信用卡买的，女儿出生的开销，也是刷信用卡。家里是温馨的，如果爸爸能够看到这个孙女，该是多么的幸福。可是，所有的如果，都是在证明舞台的后面，无非是一面面的化妆镜。卸了妆的生活，有些苍白，有些狰狞。

谢小地几乎是一夜之间长大了，长大就意味着以前别人帮你背负的重担，统统扔回到你的肩膀上，你一瞬间有点摸不着头脑，以前还以为这些担子是属于别人的。现在，只要能挣到钱，他什么都愿意干。他开了一段时间黑车，又当了一段时间滴滴司机，后来又倒卖演唱会的门票等。BIGBANG 来了，粉丝哭天喊地，BIGBANG 用过的毛巾一条都卖五千多，那些爹妈的宠儿在体育场里激动得泪流满面，享受着两个小时两千块的快感，他却躲在角落里数票子，心里还要骂一句 ×× 才会那么花钱。他收了钱要赶紧还信用卡，一个月要还七八千，要赶紧买奶粉，他成了一个被债务追杀的“流浪汉”。

有段时间他认为做黄牛很好，一张票能赚五百，符合爸爸所说的人生苦短、挣钱要快的逻辑。后来想想不是这么回事，演唱会说不开就不开了，说开了又抢不到票了。成功的人都以为自己的经验就是成功的经验，根本不会想放到别人那里就会成为失败的经验。

生意，哪怕是再小的生意，也是在永远纠错之中进行。

原来刚刚远离他的那个东西，就叫作最美好的时光啊，现在他把那些以前最不屑于干的事情，一样样全部给干了。干这些事情的时候，他遇到过不少同道，偶尔放下活计谈人生，才发现原来大家的青春都是迷茫的。

从这个角度看过去，爸爸给他的，就是要他去还命运欠下的债啊。

但你能说那不是好爸爸吗？打长沙的业余足球赛，他曾经一场比赛进了十个球，震惊了几百人，那是爸爸遗传下来的做事的杀气，所以他一直没有放弃过足球。

是不是每个人都会有这一天？如果肯定有，那至少也能找个心理平衡吧。但这么复杂的问题，应该是很久之后才能看到点答案的，现在唯一的事情是，他每天必须要挣够两百块钱，才能给生活续命。两百块！他的能力有这么低吗？

他有一个堂叔，是个出过几本书的文化人，很早以前就给谢小地的爸爸建议过，赶紧签下一个区域的快递代理。快递业务量那时候每年都以翻倍的速度增长，将来可以让谢小地做这个，因为爸爸的生意后来是做工程，都是靠人脉，靠利益输送和人情交易，这可不是谢小地一下子能学得会的，不如早点准备一个不太费脑子的产业，只要人勤奋就行。爸爸那时候正如日中天，根本没把这事放在心上，堂叔后来只能叹气，他想不通"授人以渔"这样简单的道理，解释起来怎么这样难。

谢小地后来也想明白了，他应该做一个稳定的产业才对。

于是，他就从最小的事情做起，在朋友圈卖自家做的口味虾、排骨、猪手，第一天开张，订了不少人情餐出去，大家都是看在朋友的分上来捧个场。这种面子一般给个两三次就不灵了，他得不断扩大朋友圈。今天各种原因损失的顾客，明天又得争取加进来新朋友。他引以为憾的是，他在外地踢球和当兵，过完了自己的少年时代，好朋友基本都是外地的，导致他在长沙的朋友圈并不大。慢慢地他摸索出了不少生意经，最主要的是坦诚，比如今天的虾子比较小，但增加了只数，重量还是一样的，比如今天有几个单是要派往河西的，送货会晚个十分钟，他都会第一时间在朋友圈说明。

他挣扎了很长的时间，终于成了知道在午夜零点去进货的谢小地。

他也学了很多东西，知道他的小微店应该有品牌，有知识产权，生意好起来以后，他要做大厨房，做大店，甚至开到天猫上去，卖真空包装。

现在，他做成了长沙口碑最好的小龙虾微店。

他觉得以前的幸福是往天上飞的泡沫，现在的幸福是安静躺在水面——微商的好处就是，你完全可以自己安排一切，你的周围只有朋友，没有敌人，你最重要的规则就是你自己。

评论 ||| 隐形奶嘴

所有人都不会记得我们婴儿时叼着的奶嘴是什么样子，尽管还有不少人长大以后还继续叼着它。

你一定知道我想说什么了。

我有一个中学同学，爸爸是本市的常委副市长，主管工业、交通、商业、基建、金融……他妈妈是本市唯一一所全国重点中学的副校长。我同学成绩不太好，也如愿进了这个中学的高中部，人人都羡慕他有一个金奶嘴。

但是他非常刻苦，他妈在学校里安排了一个单间给他，成为和我们不一样的寄宿生，但他从不在里面看碟打游戏，除了睡觉就是写作业，还经常拉成绩好的同学一起写作业。即便如此刻苦，他还是没有考上本科，勉强进了一所大专。

考不上没关系啊，把金奶嘴继续含着就是了。

但他偏偏说不——在人人都以为他会按照我们想象的剧情发展，按照他父母所设定的剧情去发展时，他打了我们一大耳刮子。

这位同学心里有气，并通过堪称自残的方式把气发泄出来，他认为我们都看不起他，就是因为他的爸爸是副市长。

后来的剧情让人大跌眼镜，他成为我认识的人当中最闷骚的一个。毕业以后我们居然在同一个城市工作，我在单位拿 480 元一个月的工资，他去了一个外贸公司打工，一个月 180 元！

因为没有业务，他只能拿 180 元的底薪，他不认识一个老外，也不知道自己到底该卖什么。于是他就开始写信，给全球的各种公司写信，推销一种机器零件，一种很小的零件。他每天大概要发出十封信，全部都是用手写或者打字机打，问他们需不需要那个小零件。那个年代电脑还没有普及，这么愚蠢地干活想着都累，别人不认识你，干吗要给你回信啊？

就这样他写了三年，没有任何一家公司理会他，他长期吃光头面，脸有菜色，可就憋着不找家里要一分钱，经常来我们单位的食堂蹭饭。他生日的时候我送给他一盒 2.5 公斤重的饼干，他感动坏了。他爸爸有次来看他，还以为自己儿子有心理疾病了，强烈要求他回老家休养。

三年啊，坐牢式的写信生涯，加上同事对他的鄙夷。有业务的经常出国，经常参加广交会，可就是没有一个人肯分给他一分钱的业务。

我同学经常笑着自嘲，说他很喜欢这样忙碌的生活——我想，得了吧，放着金奶嘴你不去叼，口味真重。

但是我同学确实还不错，他从第一个 100 美金的订单开始，不断扩大自己的业务，后来在一个沿海城市开了家外贸公司。他那个年代很多外贸高手都成为亿万级别的土豪，但他不是，他不认为自己多成功。又过了七八年，他把公司卖了，又回到我们所在的城市，带回了几千万存款。

我同学现在住在别墅里，每天最重要的事情是早晨起来，打理他家的大花园，他爸爸早退休了。爸爸第一次来他家的时候，围着花园转了很久，沉思了很久，对我说："小欧能成这个样子真是不错。"

此刻斗转星移，当年他爸爸所在的那个市委班子，差不多一半人都坐牢了，大部分还是父子一起进去的，其中有对父子还和他家一个姓，同学圈纷纷传说就是他，这让他恼火了很久。

但他们没有，确实没有，他爸爸的车，还是他给买的。

这个结局其实早就注定了，他说他参加高考之前就预感到自己肯定考不上，他得承受这人生最大的羞辱，也许后面还有更大的。那一刻他就想明白了：我这辈子不能这样不知廉耻地过下去。

那个金奶嘴，乃是人生最大的羞耻，令他痛苦不堪。于是，为了一点可怜的自尊，他选择了最初的自虐，这决定改变了他的人生。

法国文豪大仲马很疼爱儿子小仲马，在他得知小仲马的稿子无人问津的时候，他说，如果你投稿时，顺便给编辑先生们附上一封短信说“我是大仲马的儿子”就行了。

小仲马固执地说：“不，我不想坐在您的肩膀上摘苹果，那样摘来的苹果没味道。”

把儿子扔进丛林里，让他从小学会和猛兽搏斗，这是老外经常干的事，大多数中国家长很难做到。他们一般都会这样想：我辛辛苦苦一辈子打拼，不是为了你是为了谁？

当他们舍不得拔去那个奶嘴的时候，你就得想办法主动挣脱，越早越好。

从这个角度讲，谢小地有点后知后觉，幸好为时未晚。

我还有一位朋友，他爸爸是省里的局级干部，是个清官，退休后没有什么财产。他本人在一个福利很好的大国企工作，大国企关系比较复杂，他也不思进取，只想过好自己的小日子。问题在于，国企内部竞争也很激烈，他并没有多少和人比拼的本钱。每当他所在部门的效益下降的时候，他就会想起爸爸，想让爸爸把他调到另外一个岗位去。如此反复再三，到40多岁的时候，他终于来到了福利最好的部门。

每次他提出这种要求的时候，他爸爸总是叹口气，慢悠悠地出门找熟人。退休了，人走茶凉，其实这些事情很难办。他爸爸三番五次找以前的同僚，别人都要么就在电话里推脱，要么就百般解释困难所在。

他爸爸仍然死缠不放，后来听说同僚在省委开会，他爸爸就跑到会议室外面，一屁股坐在台阶上干等。这一等就是两个多小时，差不多要晒得中暑了。好不容易等到会散了，同僚看见他的脸色被吓了一跳。于是同僚也叹了口气，把他儿子的事情给解决了。

这位同学以前经常吹嘘爸爸退休了还有多大的面子，其实根本不是，他爸爸只是不愿意向晚辈诉苦而已。

这同样也是一种隐形奶嘴，不是物质上的，而是精神上的，有点像毒瘾，一旦遇到困难，只会想爸爸。

北宋丞相吕蒙正曾经写过一篇《破窑赋》，里面说自己从前过的是“朝求僧餐，暮宿破窑，思衣不可遮其体，思食不可济其饥，上人憎，下人厌”。后来，混出人样来了，“身虽鞠躬于一人之下，而列职于千万人之上，有挞百僚之杖，有斩鄙吝之剑，思衣而有罗锦千箱，思食而有珍馐百味，出则壮士执鞭，入则佳人捧觞，上人宠，下人拥”。到底怎样才能实现人生的神逆转呢？他的回答，让人大跌眼镜：“人道我贵，非我之能也，此乃时也、运也、命也。”

这位丞相大人，真是太谦虚了，你没有金奶嘴啊，如果你不努力，你不曾像狗一样活着，这种话根本听都没人听吧？

你说的运啊，命啊，不曾努力的人，连碰运气的机会都没有吧。

但他后面说的话却成为千古名句，非常透彻有哲理：“人生在世，富贵不可尽用，贫贱不可自欺，听由天地循环，周而复始焉。”

看明白了：如果你出身够好，千万别把好运气都糟蹋了，如果你出身不好，那也不要怨天尤人，赶紧用你的努力，找回生命的尊严吧。

如果像谢小地那样走了噩运，就像被毒蛇咬了一口，那么，也许你惊醒得正是时候。

尼采在《查拉图斯特拉如是说》里讲过这么一个小故事，有一天，查拉图斯特拉在无花果树下睡着了，一条蛇溜过来，咬了他一口，他痛醒了。他睁开眼睛，蛇才发现这是圣人查拉图斯特拉。蛇想逃跑，查拉图斯特拉却对着他大喊：不要走，我还不曾谢谢你，我前面的路还有好远，你把我惊醒得正是时候。

他挤出了毒液，继续上路了。

如果那毒液不曾要了你的命，挤出他，继续上路吧。

PART·2

抱抱熊的城市梦

在城市的一个角落，她用几平方米安顿了自己，在微信上卖正规厂家的中草药，她坚信，总有一天，她会和亲人们在城市里团聚。

熊蓉除了微店还有一个实体店，那个实体店非常之小，大概只有四平方米，里面摆满了“陆生堂”品牌的各种膏药和保健品。

从形态上来看，这小店是城市巷道的一个衍生细胞，小店门上挂着一块“抱抱熊健康工作室”的招牌，很容易被人忽略。它开在一栋自建民房的底下，毫无装修可言。从地理上来看，这里却是一个黄金码头，出门五十米，就是过江隧道，早高峰晚高峰，这里的车辆都会排起长队；往左，则是城市的沿江大道，是旅行者徜徉和本地人休闲的好去处。如果看向更远的地方，你就会发现无数的摩天大楼，这里就在核心商业圈的边缘。晚上那里灯火通明，刺目到连一颗星星都看不到，而这边则是城市最后几条待改造老街之一，充斥了各种各样的租户和小生意人。

熊蓉决定在这里开一个小店，是因为确信这里短期内不会被拆迁，而且租金非常便宜。至于为什么要用“工作室”这样不协调的名字，她认为第一是很好听，第二她会很用心钻研这个行当。

熊蓉，绒熊，抱抱熊——这可以构成一系列有逻辑的联想。夏夜，从这里往天上看，能看到完整的大熊星座小熊星座，那个方向的霓虹灯比南边要少很多，好像微商就是个萌萌哒的童话生意似的。其实根本不是，熊蓉一点

>>> 属于熊蓉的城市角落

>>> 熊蓉很自豪地把自己的小天地叫作工作室

>>> 工作室有她精心打造的世界

>>> 微笑是她面对困难的选择

也不像绒熊，她有点黑有点瘦，一看就是个麻利的农村姑娘，她也不靠卖萌来取悦顾客——实际上，她是一个天生的女汉子，女汉子这回事，在田里滚打出来的农村人眼里不算事。

她觉得这里的条件虽然很简陋，但是很扎实，从这里出发挺好，总有一天她会在这个城市买上房子——属于自己的房子。

对于这个城市的上百万打工者来说，这几乎是梦想的顶点，但对于另外一个阶层来说，这只能算一个起点，有的连起点都不是，只是不到最倒霉的时候就不会察觉的底线。

没有房子，你只是表面属于城市的一分子，总有一天你得离开这里……

对于熊蓉这样的打工者来说，没有保障房购房指标、集资房购房指示、公积金这些，那么所有的希望，取决于你的钱够不够。

十年前她来到省城，还只是个20岁的姑娘，就懂得了城市的便利和繁华，那时候她还根本没有意识到房子是多么重要，它才是城市真正的身份证。那时候她在苏宁电器打工，卖手机。她干得很不错，一个月好的时候能拿五六千。卖手机卖电器这些生意套路很深，贴个膜捆绑个手机卡都有利可图。大家都要拼业绩，免不了彼此有争执，有告状和给你穿小鞋的，有的人可能为了几十块钱，就对同事下黑手，熊蓉在这样的环境下待了八年，终于觉得没意思了。

她先是回乡下结了婚，和老公一起商量好一定要在省城买个房子，要让将来的孩子在城里长大，读城里的幼儿园学校，长大了不用打工。最好是三室一厅的，还能接上父母一起享福。婚后两人开始了奋斗，两个人先是在一条餐饮街弄了个小吃店，做炸串和麻辣烫，没有想到的是做小生意需要比卖手机还精。老公虽然吃苦耐劳，但终究不是能掐会算之人，又有点大男子主义，两人免不了各种争吵。比如，老公做生意是看人行事，看别人长得五大三粗，一碗三两的米粉就成了半斤。熊蓉说："你这么做生意会亏死去。"老公就会回她一句："你这种小气鬼才不招客人的喜欢。" 关键是味道不好。这些小吃想要味道好，里面还得有更深的套路，说不得的套路。老公既不愿意学也不愿意承认味道不好，因为掌勺的就是他，他觉得已经够好了，是这些客人不识货。

折腾了几个月之后，小吃店就开不下去了，他们忍痛退租，这样一来，除了每个月的亏损，还得赔上一两万块钱，押金要不回来，还得赔违约金，一万五的转让费也全部搭进去了，店子做的一些装修也全部浪费了。“当时是气急败坏，本来可以少损失一点的，我们的冰箱空调这些都没有搬走，不然可以捞回一点。”熊蓉叹了口气，有点愤愤不平地说。

但老公肯定是爱她的，小吃店开垮了并不意味着他们得退回乡里去，在城里买房是决定好了的，绝对不能退缩。离开餐饮街之后，老公在外面打了几个月的工，回来的时候刚好儿子满周岁，又收了些礼金。开小吃店借了很多人的钱，包括大姑子的、表姐的、姐姐的、弟弟的、爸爸的，两口子把这些钱还了一部分，一部分给儿子买了保险，就剩下五千块了。留了五百块应急，还有四千五百块，熊蓉就拿去进“陆生堂”的货，开始了自己的微商之路。之前她和表姐跑过一趟广西，在“陆生堂”体验了一把，接受了培训，她早就下定决心了。

一开始家里人为了这事闹得不可开交，尤其是长辈，认定熊蓉被传销洗脑了。传销这个玩意农村人还是挺明白的，因为大家都见过不少人被骗得倾家荡产，对传销恨之入骨。等熊蓉的货拿回来之后，大家说什么都白说了。就这样，她孤身回到了省城。老公去湖北工地上打工去了，两口子兵分两路，继续为圆他们的房子梦而努力。

熊蓉在这里租了两间小民房，一间做生意，一间自己住。每天除了做饭洗衣睡觉，她十几个小时都在照顾店面或者刷手机，她微信里有五六千个好友，手机一响就像被电击似的，经常半夜三更起来，迷迷糊糊地回答客人提出的问题。还经常取货、送货、做地推，这些都是她一个人的事。这个世界除了亲人的鼓励——丈夫从远方捎来的关爱，儿子在乡下健康成长，再没有任何东西她可以依靠一下。开这个店面的时候，简单的家具和展示柜都是自己做的，运来的板材自己扛起来，一颗颗螺丝自己拧上去，省了一两百雇人的钱，她对自己能做这些乱七八糟的手工活很得意：“我有亲戚就是打家具的，我小学就学过。”她还学了不少健康知识，自己成了个土郎中。中医的望闻问切，她也知道点，通过观察手掌，她能知道你身体哪些地方有问题。掌纹暗淡了就是内分泌不好，手腕上缘塌陷了就是有早泄、前列腺炎之类，手掌中部出现某种纹路就是肝气郁结，已经有了脂肪肝。保健品之类的营销，没有这一手，效果就会打很多折扣。

最辛苦的事情是地推，她自己没有用过“辛苦”这个词，只是把这些事情作为自己能干的证明，津津乐道地说上一阵。

她经常背着大包产品，去农村的大集市做地推，这是她最近发现的商机。“农村人可比城里人大方，他们看准了就马上掏钱，不像城里人问这问那，什么毛病都没有问出来，还在怀疑你。”但在农村也不是一直那么顺利，有一次，她刚把货摆好，卫生局的来了，把她的货品全部没收了，她很气愤：“我一不是卖假药二不是卖三无产品，这些都是有批号有许可的正规产品，为什么要没收我的。”闹了一阵之后，卫生局发现没有什么问题，才把东西还给她。她不明白赶集怎么有卫生局的来，后来有人暗暗指点她，说是因为她生意太好，旁边的人看着眼红，把她给举报了。

除了去农村赶集，她也在城里做地推。城管八点上班，她早晨六点就把摊子摆开，然后八点之前收摊。有一次，她和旁边做小生意的大叔聊天，聊得开心忘记时间了，才八点过几分，城管就来了，二话不说就搬她的东西。那可是几千块钱的货啊，她一个劲地求情，城管最后只警告她一下，又把货还给了她。

在她居住的那间小屋里，其实日子还是很孤独的，微信里来往的，客户永远比家人要多，有时候半夜也会被他们吵醒。如果不醒的话，就意识不到孤独这回事，一旦醒了，就全部清楚了，尤其是在午夜过后。她只能尽力控制自己不要胡思乱想。她把自己的思考过程记录下来，有时候写得像很流行的心灵鸡汤：“有时候我会想，干脆放弃好了，坐起来，躺在地上，就算被琐碎的平凡淹没，向生活投降，从此省心地活着，成为一个自己不想要成为的人算了。后来呢，后来感激自己，每当动这样念头的时候，并没有这样做，也不后悔。”

熊蓉说："我就是打算一条道走到黑，还会怕这些吗？我老公说过，微商你做死做活我都认了，只要你能做到头。"

老公不但这么说，还把每个月打工的收入都寄给她，这样她才好多拿货，多招代理，她多做生意，才能离城里的房子近一些，更近一些，总有一天他们能住进去。

她每个月的开销少得可怜，因为根本想不起该出去花什么钱。在苏宁工作的时候，她也过了一阵逛街聚餐之类的生活，当过月光族，但那种日子她早就忘光了。只有她30岁生日的时候，老公突然跑过来给她过生日，让她有点旧梦重温的感觉，他们一起去了步行街，老公说："你至少得买三套衣服，捡贵的买，都归我出钱。"其实步行街那里没有什么贵的衣服，她也只是给自己买了几件T恤而已。

只有儿子才能让她感觉到软弱。做了几个月的微商，本来会叫妈妈的儿子突然就不叫了，电话打过去他怎么也不肯接。后来趁着回乡下做地推的机会，一家人团聚了一下，儿子又亲近了一些。又到了离家去省城的时候，她前脚刚出门，儿子就在门里哇哇地哭。

老公后来骂她："宝宝哭成那样了，你都不回头去抱一下，你太狠了。"

其实她害怕，她怕回头看见儿子的眼泪，自己就再也迈不动脚步了。

熊蓉大概盘算了一下，首付加上简装修，城里便宜的房子也至少得准备二十万，她并没有存钱，而是把钱都投在了微商里面，现在全部算上差不多也有这么多了。再努力几把，她就能买上房子，把儿子接过来，不管多忙，以后也可以扔下手机，和儿子一起睡。

熊蓉并不知道的是，离她不远的地方还有一个女孩，叫作严晓琪，年轻美丽的严晓琪也在和熊蓉做着同样的梦。

严晓琪刚刚告别了自己的少女时代，她想在自己的房子里结婚。

这个做美术设计的女孩很爱生活，她不像熊蓉那样无所顾忌，她会画一手漂亮的卡通画，做得一手好菜，会把房间打扮得浪漫迷人，插花、园艺这些她都很喜欢。这样的女孩，走到哪里都不乏追求者。

以前严晓琪谈过一个男朋友，小伙子不是不爱她，只是性格不合适。严晓琪感觉他总是把她排在最后，他要上班，下班后要加班，要吃夜宵聚会，夜宵后还要打游戏，他有没完没了的精彩生活，却大多数与她无关。

她有一手精妙的厨艺，往往等来的是空桌冷菜，一盏孤灯。

分手的导火索是房子，小伙子舍不得把最后一点积蓄拿出来买房子，也不愿争取家里人的支持，这个时候严晓琪才发现爱情可以如此自私。

她哭了很长时间，她是那种特别没有安全感的人，她害怕像小说里写的那样，城市太大，两个人走着走着，不知道怎么就散掉了。

散掉了就再也找不到了，这太可怕了。

她害怕这种走来走去的感觉，毕业后租的第一套房子，她一住就是三年。她说："我在出租房里曾经过得很幸福。"

严晓琪网购漂亮的窗帘布、漂亮的蚊帐，做牛排沙拉招待朋友，和邻居混熟一起打羽毛球，楼下的小猫小狗都很喜欢她，小朋友们也很喜欢她，日子过得很开心。"如果我买过房子，住过别墅，再去住出租屋，就不会那么开心了，所以我特别珍惜那段时光，也希望别人能珍惜。"

她根本没有要搬出出租屋的打算。她买了很多书、墙贴、鞋子、小玩偶。收入可以打折，但生活是不能打折的，这是她的信条。她很感激那段时间家里没有催她买房子嫁人什么的，也从不规定她找男朋友的标准。爸爸曾经说："在城里过不好你就回来嘛，我会一直养着你。"

她觉得没有什么不好，除了那场失败的恋爱。其实她的收入并不高，设计这个行当，说起来好听，但竞争太激烈了，她一个小女孩子，技术和资源上都没有优势，经常一个两三百的私活也有很多人来抢。

她后来和另外一个男孩订婚了，那个男孩无比地体贴她，两个人一起算下账，要是还过着一年存个三四万块钱的生活，恐怕真得要晚婚晚育了。

她只能让自己更辛苦一点，她加入了 TST，也成了一名微商。白领女孩是很容易加入这种做护肤品的微商的，因为里面有一种美丽的诱惑。严晓琪亲眼见证一个本来脸色长期暗淡无光的朋友，因为这些产品重新变得光润起来，于是，她毫不犹豫就加入了，何况里面还有更多一层的诱惑，让房子来得更早更大些吧！

她一开始很害怕别人屏蔽她的朋友圈，甚至拉黑她，然而并没有——因为她是严晓琪，可爱的严晓琪。

严晓琪和熊蓉其实是一种人，有很普通的故事。

这个城市里有上百万这样的人，几十万个这样的故事，这些故事都是如此一致——关于奋斗和房子。

评论 ||| 大城，开门

卡尔维诺在《看不见的城市》中写道:“城市就像梦境,是希望与畏惧建成的，尽管她的故事线索是隐含的，组合规律是荒谬的，透视感是骗人的，并且每件事物中都隐藏着另外一件。对于一座城市，你所喜欢的不在于七个或是七十个奇景，而在于她对你提的问题所给予的答复。或者在于她能提出迫使你回答的问题，就像底比斯通过斯芬克斯之口提问一样。”

对于我们所居住的城市，这段描写的具体内容应该是这样的，你有权利进入城市的图书馆、公园、剧院、五星级酒店、豪华写字楼这些场所，但总会有一个沉默的声音在不停地问你：你有房子吗？你有这里的户口吗？你有医疗保险住房公积金吗？你有这里的正经工作吗？你有这里的直系亲属吗？你有能力在这里活下去吗？……

最后一个问题应该是，你能活得像个城里人吗？

这个城市长期有上百万人会在心里不停地回答这个问题，并且沉默地计算他们离想要的答案还有多远。我们很难从他们的容貌、打扮、职业看出点什么，但总有一道难以启齿的无形界限：房子、户口……

于是，房子成了城市的通行证，固定的居所成了回答其余问题的底气。一方面，城市在竭尽所能地消耗土地，修建房子；另一方面，大量的人口对应着大量空置的楼盘，他们离拿出首付还有五年，甚至十年那么远。

对于熊蓉、严晓琪这样的小微商来说，她们并不关心城市能够给她们这样的打工者解决什么问题，也搞不清住房政策有些什么样的变化，她们只会把房子归结为钱的问题、收入的问题，于是，低门槛的微商行业，就成为增加收入的手段。

长期以来的城乡二元管理制度，形成了两种生活方式，城市居民在就业选择、社会福利、社会保障、基本公共服务等方面都具有巨大的优越性，这使年轻人很难安心留在农村，成为“农二代”。于是，进城成为必然的选择，但制度改革的速度又无法及时惠及如此庞大的进城人口，他们势必得长时间处于既融不进城市又回不去农村的怪圈之中，长时间属于城市的“漂浮人口”。

对于自小生长在城市里的人来说，这种漂浮的痛苦和希望，是很容易被忽略掉的。我认识的一个米粉摊摊主，因为得了一场严重的肺炎，进错了医院，花了七八千块钱，不得不回到农村去休养。过几个月康复了，他帮着家里干农活，可最终还是忍受不了农村的贫困和无聊，又回到城里。这时候他发现租金涨了，老顾客也没有了，一切又得重新开始，他只得走了……他在城市的生活，因为这一场重病突然展现出了弱不禁风的一面，究其原因，是因为他没有医保——付出沉重的经济代价，没有住房——不能及时掌握城市的变化，没有户口身份——不能在城市拥有最基本的生活保障……

我说这些，并不是想引发同情或者是呼吁平等，因为他们肯定有一天要成为我们的邻居、朋友和同事。城市化这个基本方向已经决定了他们的梦想肯定会实现，推进“有效城市化”从住房和身份入手，政府的洪荒之力远远超过我们的想象。买房是一个前奏，他们最终会融入便利的公共服务体系，成为城市的新市民。

我想说的是，我们生而平等，应该互相尊重，在城市里我们是共生互助的关系，他们的劳动完全可以撕下很多所谓城里人的骄傲嘴脸。城市体现出的交通、环境、治安等种种弊病，和他们一点关系都没有，他们绝大多数都从事辛苦的职业，抱着一个最简单的梦想——我想在这里买一套房子。

像熊蓉、严晓琪这样的微商从业者，始终处于这个城市最谦卑的那个阶层，你可能想不到有什么地方需要她们，但总有一群得了痔疮脚气之类的人，在帮助熊蓉圆她的买房梦，总有一些需要护肤的人，在帮助严晓琪圆她的买房梦。她们同样也是城市共生体中不可缺少的部分，提供服务，满足稀有的需求。

我们和她们的交往，同样是城市的和谐、文明和进步。

缤纷理发店

PART · 3

曾子昊用微信平台让小朋友们预约理发，同时建立了一个理发的童话王国。有趣的人总会寻找有趣的道路，让生活充满不凡的色彩。

做了两年水果微商的曾子昊，终于在闹市区的商业综合体开上了一家实体店。这一次他的微店，主要功能不是卖水果，却有着水果的色彩和气味，在这个不足30平方米的空间里，他运用水果思维去解决两个问题——第一，是让家长们头疼的小孩理发问题；第二，是如何提高“洗剪吹”这一职业的社会地位。

理发师不是洗剪吹，理发师是艺术家！

这是一个很新奇的试验。作为最早的一批微商，两年多来的成功经验，让他找到了这一大胆又有趣的玩法——互联网时代，你所要担心的，并不是你的玩法不够大众，而是不够小众；并不是玩法不够得体，而是不够有趣。曾子昊和他的小伙伴们，就这样兴致勃勃地投入了幼稚园的世界，他们挥舞玩具，唱着儿歌，将儿童世界“奇”与“趣”的无限可能，大胆地嫁接到了“头”上——传统美发行业与互联网混搭的结果，就是这家儿童美发体验中心“奇趣72变”。

3岁的女孩小艾一进店，就被天花板上五彩缤纷的气球吸引，这些气球在跟着背景歌曲一起跳动。“葫芦娃葫芦娃，一根藤上七朵花，风吹雨打都不怕，啦啦啦啦，叮当当咚咚当当……”小艾径直来到放置着各类迪士尼玩具的区域，加入了小朋友们的游戏队伍。等待区内，有刚10个月大的婴儿，也有10来岁的小帅哥。几分钟后，美女店长引导小艾坐到了玩具汽车座椅里。小艾摆弄着

>>> 背景墙是孩子们的缤纷世界

方向盘，配合地低着头，眼睛不时瞟一下前面正在播放的动画片《熊出没》。梳、剪、剃、刮……发型师郑浪熟练地操作着手中的电动剃刀，一个可爱的樱桃小丸子发型 15 分钟后新鲜出炉。郑浪右手转动着吹风机，左手用梳子做最后的整理，看着镜子中设计出来的艺术成品，他露出了微笑，小艾妈妈拿出手机一阵狂拍。

和小艾一样，几乎没有小孩会一开始就对理发这件事表现出热情，他们天生是恐惧的：理发斗篷像是巫师的魔袍，很可怕，坐上 5 分钟不能动很要命，他们会恐惧地闭上眼睛去忍受挥舞在头上的剪刀，最可怕的是围着他们转来转去的陌生人。他们哇哇大哭，拼命想要从理发椅上挣扎下来。小艾妈妈清楚地记得，宝贝前几次在理发店面对电动剃刀时大哭大闹，后来就干脆耍赖不去，

>>> “奇趣 72 变”店内的美食区

去了就一定要跑。最可怕的一次是半途而废，头上留下一个难堪的“半成品”。朋友圈的信息，让小艾妈妈知道了“奇趣 72 变”。在微信公众号上注册好会员，提前一天预约时间与发型师，就可以免去排队时间。

小艾一开始把这个地方当成儿童乐园，一进去就稀里糊涂地完成了理发大业。

这让小艾妈妈惊喜，之前的顾虑也一消而散。

创立“奇趣 72 变”之前，曾子昊尝试过 6 种职业，包括二次创业，均以失败告终。他说，这 10 年，就是折腾，再折腾。首先是不务正业，毕业后他来到江苏昆山，在一家涂料色浆企业当调色员，这与他大学学的市场营销不沾边。无心插柳，靠着一点悟性和机遇，他成了中国涂料协会第一批手工调色师，并参与了中国涂料协会行业手册调色部分的编写工作。但调色师的工作，并没带给曾子昊太多的留恋，相反他更渴望生活中未知的五彩斑斓。一年后，他来到苏州，成为康宝莱中国区的第 70501 名员工。对于直销行业，社会上存在着一些非议。在曾子昊的价值判断里，存在就是合理，从制度到管理，看你能否吸收到积极的东西。在康宝莱的半年，曾子昊每天胸前戴着一

>>> 曾子昊（右三）和员工们

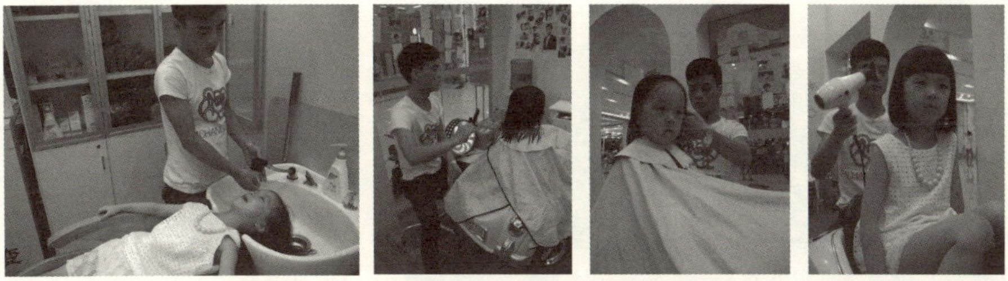

>>> 宝贝享受着改变发型的过程

块“想减肥吗？办法问我”的小牌子，在一些高档住宅区周围向陌生人推销产品。十个人里面可能有九个人会拒绝他的介绍，碰壁、遭遇冷眼是常态，有时候还要和保安躲猫猫。“那半年，脸皮厚了很多。”曾子昊笑着回忆。

之后的几年，还是折腾。回到老家岳阳和朋友经营过一家网络公司；分道扬镳后，在湖南商学院旁和亲戚一起办厂，做 ICU 病房的输液泵。隔行如隔山，医疗行业的水很深，一年后他就选择退出了。后来，他帮朋友经营过冬虫夏草店，在父亲的船员培训学校帮忙，出过海，跑过船。

后来，他决定创业。

不创业，毋宁死。

创业正在成为一场全民参加的运动会，你不参加，你可能就得输给“隔壁老王”。

创业表面是挑逗，是炫酷，是时尚，大街上的空气里充满创业的甜腻味道。但创业的里子却是痛苦、幸运、坚忍、自尊……回到家里洗洗睡，衣裤上沾的全是汗味。

曾子昊的创业有一点小幸运。2014 年 3 月，在海南承包了一个荔枝园的表舅打来电话问他：今年荔枝的产量和品质都不错，有没有兴趣做？卖水果？曾子昊也没多想，先试着做做看吧。他在红星水果批发市场租了一个几平方米

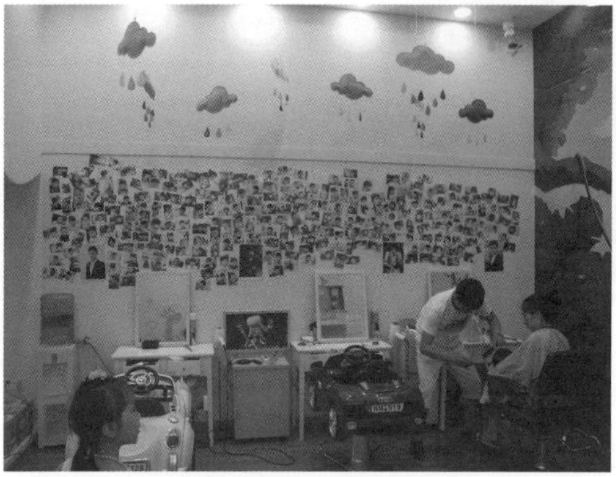

>>> 幼儿的发型护理，需要家长和发型师一起“上场”

的小档口，买了一辆二手面包车。从海南空运过来的荔枝，个大、味甜，曾子昊本想做批发，但和其他摊位的荔枝相比，他的价格没任何优势。做了一个多月，靠着档口的那点销量，生意毫无起色。灰心之际，妻子提醒了一句，发个朋友圈试试。5 月 28 日，曾子昊在朋友圈第一次打了个广告，并配上了让人垂涎欲滴的荔枝细节图片。没想到，第一天就收到了数十个订单。下单送货！朋友之间口碑不错的转发，微信订单源源不断地飞来。那两个月，曾子昊像被打了鸡血，每天有十几个小时是在城区送货。荔枝是水果里最容易变坏的品种，气温过高，或者在运送过程中损坏了泡沫密封箱就可能导致变质，他必须每天把订单上的货送完。

白天在城区送货，晚上 11 点去机场接货，回到市场已是深夜 2 点，累了就在面包车上打个盹。凌晨四五点，红星市场内就已经人声鼎沸，车水马龙，货车司机要赶在天亮之前，把各类货物运往全省各地。嘈杂的喇叭声、叫喊声此起彼伏，他躺在面包车里，半梦半醒。为了解困，戒了两年的烟他又抽回来了。

8 天 3 吨荔枝，这是他靠微信接单最高的销售纪录。生意在朋友圈做到了一定的规模和口碑，谈合作的来了。当地一家报纸的热线 96360 接下了他的部分生意，他又和顺丰公司谈下了快递合作。一家策划公司也找到他，2015 年 5 月，他接下了这家公司创意农业的部分，成立了“果然不同”的品牌，这是一家专注于原产地新鲜水果及相关产品领域的 B2B2C（第一个 B 指的是商品或服务的供应商，第二个 B 指的是从事电子商务的企业，C 则是表示消费者）服务型企业。

“在这个充斥着钢筋混凝土的城市里，在这个缺乏情感互动的快节奏的时代里，我们需要更多的精彩。土地的滋养，阳光的温暖，带来最惬意的口感。没有烦恼，不忘初心，果然不同。”这是“果然不同”的一段广告词，这里面有一种很家常的情怀。坚持原产地新鲜采摘，随摘随发，是果然不同的核心原

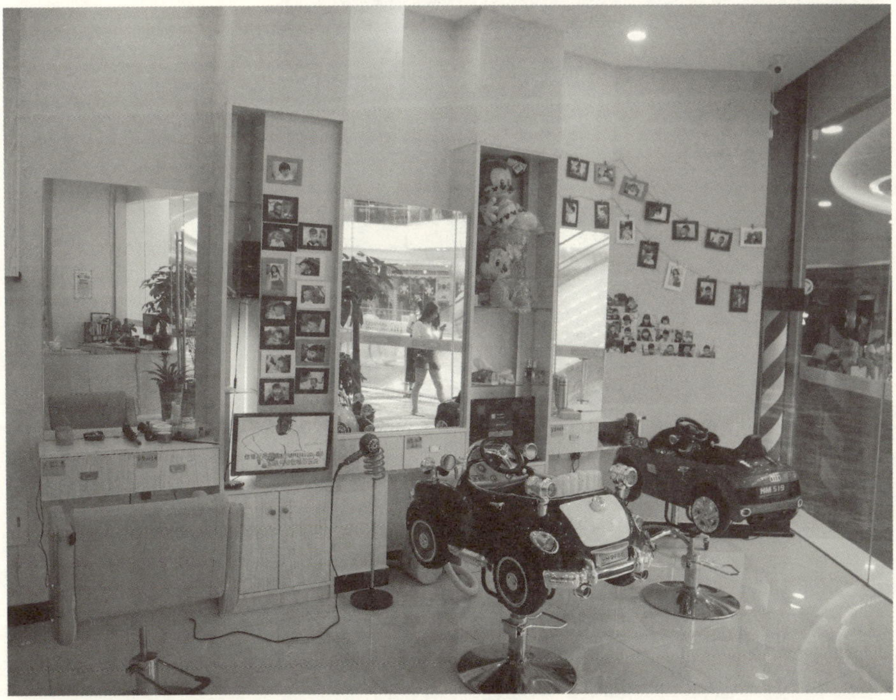

>>> 镜子像孩子们的眼睛一样明亮

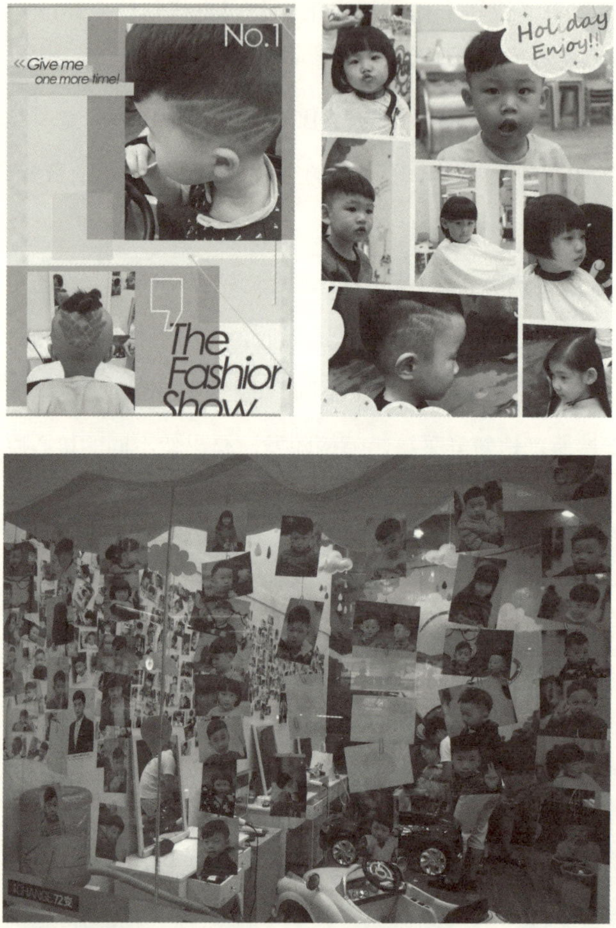

>>> 宝贝享受着改变发型的过程

则，贯穿文化、品质和服务三个维度来设计和考量。但曾子昊清楚，多到数不清的反面教材证明，光有情怀没有情商，或者是情怀加糖智商缺钙，都只能换来一个“情怀狗”的标签。

与其做“情怀狗”酷死，不如做“创业狗”累死。

后来他根本停不下来了，合作、仓储物流、销售渠道，每天都好像有一万

>>> 曾子昊有一个看得很清楚的未来

>>> 帅气的发型师和专业的儿童洗护用品，带给孩子们贴心的服务

件事情待办。曾子昊和同伴们去全国各地谈下了多家富有特色的专业果园，陕西临潼的石榴、湖南崀山的脐橙、海南火山树的荔枝王、太白山的猕猴桃、烟台的大樱桃等，他们设计出精美的定制包装，与云厨、云猴、通程等电商平台合作。通过专业团队一年多的管理和运营，“果然不同”在业内形成了不错的口碑。

做儿童美发体验机构的灵感，则源自曾子昊的一次不开心。带两岁的女儿去成人理发店剪头发，原本要剪个萌萌的“小丸子头”，结果硬生生被剪成了斜斜的“西瓜头”，女儿不高兴，他也很心塞。之后的半个月，曾子昊都不敢带着女儿出门。向周边的朋友问了个遍，长沙没有一家专门为儿童服务的美发

>>> “奇趣 72 变”店内的座椅充满童趣

>>> 店内一角布满了各种玩具

>>> “新鲜”出炉的发型酷酷的

中心。

创造小米奇迹的雷军，有一句话让曾子昊印象深刻：台风风口上的猪都会飞。这个台风风口，描绘的就是“需求”。既然众多家长都有为小孩理发的烦恼和需求，为何不去想办法解决呢？在一次摄影活动上，曾子昊认识了“你好漂亮”前首席培训教师龙煌。听到这样的想法，龙煌感觉被触发了什么。5年来，首席美发培训教师的身份，让他更多地看到了传统行业的传统玩法正在走下坡路的现实：美发店日益增多、从业人员门槛低、工资低、工作时间长、人员流动性大等。那些天，他也一直在思考，传统美发这条路，该如何继续走下去。

儿童就应该有儿童的场所，为什么不开一家专门的儿童理发专业机构？

儿童就该有自己的专业理发师，凭什么要和成人共用理发师？

儿童就该有自己的伙伴，为什么要用成人的方式对待儿童？

还有渠道、环境、语言……为什么这一切不能儿童化呢？

两人一拍即合，儿童理发微信平台“奇趣 72 变”就诞生了。

从想法诞生到第一家店正式开张，只用了不到 3 个月。其间他去广州、上海等一线城市考察，火爆的市场需求更坚定了曾子昊的信心。他提出了“儿童美发 +”的概念，美发之外的衍生产品，他希望做得更加丰富。店内设置了迪士尼玩具区域，德国施巴品牌的专业儿童护理产品区，“果然不同”的水果休闲区。节假日，在体验区与儿童培训机构、亲子照写真等做一些相关的主题活动。

25 岁的刘光华来长沙之前，在一个小县城做了两年美发师。经过“你好漂亮”沙宣经典大师班培训认证后，他加入了“奇趣 72 变”。对于发型师这个职业，刘光华觉得社会地位并不高，素质参差不齐，流动性也很大。刘光华学过画画，他认为小孩子天真活泼，修剪出个性不一样的发型，这种创造何尝不是同画画一样？同样是一个创造美的过程啊！在“奇趣 72 变”的 3 个月里，与小孩子们打交道，刘光华很享受每一次的理发过程，这里面不但有无尽的童趣，还有向专业技能的攀登，他成了稀有的儿童专业理发师，他对自己的职业有了更深的领会。

二月二，龙抬头。这一天，刘光华与其他 4 位发型师为 89 名宝宝提供了服务，晚上 10 点才打烊，累得直不起腰。曾子昊现在做的，就是为刘光华这一类有追求、有想法的发型师提供一个理想的平台。他设立了“星级发型师”系统，培养和打造“奇趣 72 变”的明星发型师。首先是对每名客户进行满意度调查，调查表上都有发型师的名字，便于客户记住。曾子昊认为，让顾客记住发型师的名字是对发型师职业尊重的第一步，他们不应该像以前只是这个行业中抽象的“某某号”。根据满意度，还有与家长的互动与交流，他设立了各种奖励机制。定期的培训与旅游，是最受发型师欢迎的福利，每名发型师都在平台内成长。平台还提供内部创业的机会，每名发型师都可能成为公司的股东。

最理想的状态就是只要看一看孩子的头，就知道它出自哪一个理发师之手。

“一个啥都想弄懂，又啥都弄不懂的理想主义处女座——这是别人给我的评价。”曾子昊毫不避讳他是个理想主义者，“参差多态乃幸福之本源。没有什么不可以尝试，喜欢的事情，就去做。”

这不是水果店和理发店哪一个更挣钱的问题，而是哪一个更有趣的问题。

影响命运的因素有很多，家庭、时势、阶层、能力、眼光、性格，还有各种小幸运、小霉运。

但你最终会发现这里面还是有公平的——在创业构建的世界里，能够得偿所愿的家伙一定不是懒蛋。

10 年过去了，曾子昊第一份工作所在的涂料公司，现在已经是一家在创业板上市、市值近百亿元的企业。当时才在国内起步的康宝莱，已经做成了销售额居前几位的直销知名品牌。

曾子昊和他们的命运并无不同，爱折腾，才会赢。

销售额、现金流、员工管理，让这些折腾，最后成为一种享受。

签下第三家“奇趣 72 变”实体店合同的第二天，曾子昊带着妻子和女儿去了海南，有两年多时间没陪她们出去旅游了。出发前，他在朋友圈转发了一句马云说过的话：对于创业者来说，要学会相处的不是生意，是未来，是明天的生活方式；你要经营的不是生意，而是更好的自己。

评论 ||| 迷人的碰撞

最近我发现了好几个非常有趣的APP，比如有一款是虚拟寺庙的，你可以在这里实现一切宗教活动，放生中国大王八或者红眼巴西乌龟，超度故友，诵经唱佛，烧香，剃度，乃至打禅，敲木鱼，都可以实现。当然，最重要的还是功德箱，据他们自吹自擂的调查统计，来这里的善男信女平均要比去少林寺多供奉70%，比去南岳大庙多供奉40%，因为实现了一对一的结缘服务，还愿成功率达到了90%，绝对是物有所值。

还有一款玩老虎的APP，显然是从八达岭野生动物园老虎嘴撕女子的新闻中得到的启发，这可不是什么“互联网＋老虎”，而是老虎一屁股坐在互联网上，开发者号称他们在东北、苏门答腊、西伯利亚一共拥有两万多亩虎园，里面的老虎就和城里的流浪猫一样多，隔三岔五还有新的虎仔诞生，华南虎、东北虎、西伯利亚虎、马来虎应有尽有。只要你有手机、视频设备、无线网三样东西，就可以安全而快活地尽情逗老虎、打老虎、驱赶老虎、摸老虎屁股、揪老虎尾巴、捋虎须敲虎头，甚至抱老虎睡觉等30多项活动，并可领养自己的专属老虎。

我说这些并不是要耸人听闻或者预言这些奇葩应用的下场，而是想形容我们正处在一个什么样的时代，我们已知的所有东西都可以联网，移动互联网、微信正发生剧烈的碰撞，从而结出你想象不到的果实。就拿汽车来说，我们先是看到了“互联网＋出租车”“互联网＋公交车”“互联网＋4S店”“互联网＋洗车”“互联网＋修车”等结出的果实，然后是“移动互联网＋出租车”“移动互联网＋公交车”“移动互联网＋私家车”“移动互联网＋洗车”“移动互联网＋二手车”……如此算来，用万众创新来形容互联网创业、微信创业，肯定是有点少了，百万、千万、上亿的碰撞都有可能。这个排列组合的多变性，远远超过了爱迪生拿出上千种材料去通电，试验它们发光效果的时代。

之所以会有这么多种碰撞的可能，究其原因，互联网乃是人类历史上最伟大的发明，它里面蕴含的创造可能，使得人类成为一个统一的有机体，创业者需要的思维碰撞，已经完全脱离了传统经济模式的预测和掌控。如果现在社会没有这种需求，你完全可以创造出这种需求，比如星际漫游生活、蚂蚁王国之类。什么协调统筹发展啦，你没有看到网约车的洪荒之力吗？它颠覆了一个巨大的传统行业，彻底统筹了这个行业。说互联网是一群人的浪漫都已经很落伍了，它其实是所有人的浪漫，所有人的疯狂。比起比尔·盖茨，我其实更信服凯文·凯利，他说互联网的本质就是去中心化，在互联网没有集权的存在，没有集权就没有自上而下发生的创新和革命，所有的都会发生在广阔的思维网络，每个人的大脑都是平等的，在边缘地带也很容易诞生伟大的创新。

按照这个思路写下去，我们这本谈微商的书应该是很有趣的，就像玩大富翁游戏那样有趣。其实并不是，还有一种碰撞，比内容创新、技术创新、服务创新凶险得多，那就是关于人与人之间的碰撞。

既然一个人无法身兼开发、风投、市场、供应商、监管、运营、推广等这些所有的角色，那么人与人之间的碰撞必然会发生，这才是创业成功与否的决定性因素。我见过太多的失败者，比如我一个朋友，他早在2006年就预感到跑步将取代羽毛球、足球这些成为运动的主流，他设想了网络约跑、手机计步等诸多项目，并坚信可以吸引大批健康产品、运动产品的投放。但他失败了，原因很简单——领导并不支持他，他又没有胆量出来单干。也许你会觉得这是性格里的因素，但即使他出来单干了，他仍然要承担巨大的人与人之间碰撞的风险。如果2008年奥运会之后合伙人还看不到快速增长怎么办？如果他的出纳卷款而逃怎么办？如果他被踢出局怎么办？这些事情发生的概率，是远远大于成功的概率的。

此后我看到了数十个跑步APP的成功，模式和他当初的设计大体类似，而设想者的人生境遇肯定迥然不同。

由此我根本不相信一些成功人士的生意经，因为他们总是对人与人之间这回事讳莫如深，只编造一些市场营销之类的金句。而《中国合伙人》这样把人与人之间的碰撞写得浪漫到极致的，更不可以作为成功的教科书。工作中总有些人让我们感觉到如芒刺在背，事后连回忆都懒得回忆了。

关于人的这回事是最难描述的，中国哲学会强调诚信共赢、厚德载物，西方人则会津津乐道于约翰·博士和戴维·伦姆如何做大博士伦，威廉·惠列和戴维·普克碰撞出惠普公司之类。但无论多么艰深的学问，多么腥风血雨的搏斗，多么曲折蜿蜒的故事，都无法抵御人与人之间存在的风险，即使伟大的政治家都做不到这一点，何况一群不懂政治的商人。

在我们讲的这个儿童理发的故事中，曾子昊是有点小幸运的，因为他遇到了贤淑明智的妻子，遇到了聪明善良的合伙人，遇到了勤奋自律的伙计。更重要的是，他的顾客是孩子，因为孩子，意外的可能性被降到了最低，也因为孩子，各种碰撞变得五色斑斓、鲜艳迷人。

有太多的人碰撞出了意外和不幸，但总有那么些碰撞出魅力的人，成为榜样。

PART·4

明亮的橘子

怀抱着永离闽北山区的梦想，她离家远去，却在城市意外成为十七岁的未婚妈妈……此后，她独自生存下来，成为上海思埠的董事长、思埠集团的合伙人。关于命运，她说，这个苦难的过程，根本不是你们能形容的，走出大山的每一步，我都是幸福的。

怀抱着永离闽北山区的梦想，她离家远去，却在城市意外成为十七岁的未婚妈妈……此后，她独自生存下来，成为上海思埠的董事长，思埠集团的合伙人。关于命运，她说，这个苦难的过程，根本不是你们能形容的，走出大山的每一步，我都是幸福的。

橘子的家乡在福建长汀县的农村，古人形容那里是“千嶂深围，山谷斗绝”，也就是群山合拢的地方。有多少山呢？有福建江西广东三个省的，三个省最偏远的山峰凑在了一起，把人紧紧地箍住。如果从地图上看，一般这样的地方都处于一个大行政区的边缘、尖角，那里可能每天清早有一趟长途客车通往省城。

橘子是她的名字，在她生长的“坑”里——这里把自然村叫坑，坑意味着山谷，是大山留给他们生存的，可以存储水的低洼地带。坑里田很少，丘陵众多，土壤偏酸，于是到处都种满了橘子，橘子是这里最普通的作物。实际上他们所说的橘子从科学上分类，更接近于柑子，但他们把柑橘类的统称为橘子。

这里的橘子平凡到没有感觉的地步，贱的时候只有几分钱一斤——这里的人并不心甘情愿把自己的孩子也叫作橘子，他们总希望他们的名字蕴含着走出大山、出人头地的味道。女孩橘子的本名叫作雷金香——金色的，芬芳的，实际上这就是长汀橘子的特征，因为当地最出名的是一种金橘。小的时候，她并不像大人那样认为橘子不好吃，她只吃橘子，不知道世界上还有比橘子更甜的水果，被叫作橘子她很开心。

乡村公路的尽头是他们的村，村路的尽头是橘子的家，橘子自嘲地把老屋称作“独门独院”，这是村里最偏僻的角落。她 12 岁之前，这里都不通电，夜里要提着煤油灯走来走去，这里发生的故事，总是最晚被人知道。

橘子是这家人抱养的女孩，她的养父母之所以抱养她，并不是因为喜欢女孩，也不是因为她比普通闽北女孩要白皙、可爱，有着一双水亮的大眼睛，他们根本不想要女孩，抱养橘子是因为想“冲喜”。之前他们的孩子夭折了，他们认为抱养橘子可以带给他们好运，能带来一个梦寐以求的男孩。第二年，他们如愿以偿等来了亲生的孩子，这次还是个女孩。橘子“冲喜”的使命已经完成了，按照当地习俗，她应该被送回去才对。但她的亲生父母不想要这个女孩回来了，她从此再没有回到亲生父母的身边。对于他们，她一直毫无印象，唯一的记忆是养父母从小用来威慑她的话：“你要是不听话，就送你回你亲生爹妈那里。”

这些事情，构成了橘子很多年以后也无法释怀的心结。

收橘子的人每年秋天到来，他们一来，村子里就会热闹非凡，这些外乡人总会讲起很多外乡的故事，甚至大都市的故事。橘子听了就开始幻想，她如果离开这个地方一定能幸福。即使在 20 世纪 90 年代，那里的观念还是很落后的，大人都认为女孩子是用不着读书的，养女就更用不着读书了。养女的最好出路，是赶紧订个娃娃亲。读书最多读到小学就可以了，因为读完小学就大了，可以帮着家里干活，带弟妹，然后嫁人。但橘子幸运地上到了初中，镇里的老师认为她成绩不错，人很聪明，不读下去可惜了，为此学校免掉了她的学费。

>>> 橘子的幸运，其实就是一个概率问题

初二的上半年，橘子自己决定结束读书生涯，经过养父母的同意，她跟随一帮比她大一点点的学长出去打工了。那一年，他们十八九岁，她十六岁。

她一开始去了三明的工厂，做小零食，一个月工资两百多。两百多意味着什么呢？那个时候已经是 2000 年了，两百多显得不多。但对于她来说一点也不少，那已经超出了她对金钱的最大想象，这里有吃有住，还有这么多钱。后来橘子和我说了很多关于她的故事，各个阶段的故事。她戴着卡地亚金表玩着桌子上的圆珠笔，很肯定地告诉我:“我从十六岁（虚岁）开始就再没有苦过，真的！”

她想起了一件小学时候的事，闽北的冬季是很冷的，农村里没有任何取暖烘干设施，北风一吹，衣服总是潮潮地阴冷地贴在身上，村里的道路上也永远是冰冷的污泥。养父不知道从哪里捡来了一双黑色的旧雨靴，让她穿着上学，她穿了才知道那双雨靴的底是漏的，走不了多久冷得刺骨的泥水就透了进来，她的脚被泡得肿了起来，回家后连雨靴都脱不下。橘子试过几次之后，就再也不肯穿那双破雨靴了，她宁肯穿夏季的凉鞋，光着脚去上学。穿凉鞋至少比穿破雨靴痛苦少一点，因为底子没有破，虽然寒冷彻骨，但脚上如果湿了，又可以马上被风吹干，到了学校，她就可以把脚擦干，再穿上袜子，这样就暖和了。养父母却不干了，雨靴至少表面上是体面的，冬天穿凉鞋可是给家里丢人了：别人会认为他们穷得买不起鞋，小她两岁的妹妹就是穿雨靴去上学的。

橘子至今记得妹妹那双雨靴的模样：那上面有一个卡通图案，一个女孩打着漂亮的小伞，那是个幸福可爱的小女孩。她也记得买那双雨靴养父母所付出的代价——十二块五毛钱。

她没有说她后来究竟有没有哭，十岁的女孩伤心到什么地步，也没有说这样的事情究竟有多少，我也没有再问。总之她屈服了，橘子一个冬季都穿着那双破雨靴上学，脚上长满冻疮，为了维持住养父母所谓的面子，直到那双鞋再也穿不进。后来她非常讨厌别人和她说以前怎么苦怎么苦，因为无论说成什么样，都很难触动她。关于挣钱和幸福，她很有感觉；关于苦，她很小的时候就麻木了。

总之，十六岁开始，她感觉到了幸福，她每个月寄两百块回家，这是养父母同意她出去打工开出的条件，同时留下几十块钱自己享受少女时代的快乐。

食品厂建在一个山坡上，从那里走路去城里，要走上四十多分钟，要么就打两块钱的摩的，她只能选择走路。有一次在城里她看见一个店面贴着招工的广告，卖鞋子。她就去应聘，包两餐饭，三百八十块一个月。橘子马上换了工作。招她的老板说她长得漂亮——以前在农村里可很少有人这么说，女孩嘛，就是女孩而已，但城里面女孩是有价值的，尤其是漂亮的女孩。少女橘子从此越来越多地听到这样的赞美，也越来越重视自己的美貌。

也因为如此，她注定遇见改变她命运的他，就像很多少女在成长的路上，必定有一次彻底的绽放。只是她的这一课，上得有点过于漫长，留下的印记过于深刻，以致成为她一生悲喜的咒符。

2001 年 4 月 12 日是她 17 岁（虚岁）的生日，她告诉了他。他是经常来店里看鞋子买鞋子的顾客，据说在国外打过工，家境也不错，只是年纪有些大。橘子并不在乎这些，她在乎的是他对她好——这个“好”，是橘子这种经历的女孩最渴望的东西，是她们过往成长中缺失的一部分，无论物质上还是情感上，她们都没有得到过的好，她们总希望能及时填补。

生日那天，他摆了三桌酒席，请来了她周围所有的人，还送给橘子一条金项链。橘子幸福得像在做梦：“从小到大，对我最好的人是我的老师、老板，我从来想不到会有人对我这么好。”

橘子强调这就是真正的幸福，以前她从来没有清晨六点半之后起床的经历，因为不管风霜寒暑，天没有亮她就得把鸭子赶到水塘里去，先割鱼草，再准备好猪草，才能去学校。现在店子九点才开门，晚上九点就没有事了，其间没有顾客就可以不做事，可以想吃什么就吃什么，每个月还有这么多钱，然后，还有了他。

她很久后才知道他其实是有家庭的，还有一群孩子，但那会她已经不在乎了，因为这无关她的幸福，她只想让生活前进一点点，沉浸在幸福中。她已经被养父母许配了娃娃亲，只要不回去成亲，这就是基本的幸福。她养父母对她是这样要求的：如果你能保持每个月寄回来三百块，你就可以不回来成亲。

这幸福，维持到了2001年年底，他突然没有钱了，具体原因很难说，也许是因为赌博，也许是因为家庭，也许是生意上的问题。总之，他提出要带着她出去打天下，三明是混不下去了。他让她抓阄来决定到底去哪里，一个纸团写着“广东”，一个纸团写着“上海”。橘子说她那个时候连广东是个市还是个省都搞不清，更别说广州和深圳的区别了，但上海她是知道的，因为她卖鞋子，知道那里是时尚之都，很虚幻的存在。她随手抓了一个，上面赫然写着“上海”。

他们就这样稀里糊涂地来到了上海，一下火车，两人就发现他们根本没有为这趟冒险准备任何东西。他只带了两千块钱，但外面的租房广告都是写着两千、三千……他们开始认为自己看错了，那可能是买房子的价格。三明租房子是两百、三百一个月，但这竟然一间房子就是两三千房租。两人马上感受到了绝望，如果能找个地方，先活下来，那就太幸运了。

在小旅馆过了几天之后，他们找到了一家超市作为落脚点。他去做了装卸工，她做了理货员。他们住进了地下仓库里，上千平方米的巨大空间，他们找了个小小的角落，铺下了被窝。冬天这里面倒不冷，只是空间大得吓人，晚上到处黑漆漆的，依稀能看到奇形怪状的货物影子，他不在的时候，橘子会害怕。

他有六百的工资，她有四百——比卖鞋子多了二十块钱，橘子说这也可以算作幸福地前进着，超市包了他们的吃住，何况这里是上海。她第一次知道世界上竟然还有这样繁华的地方，没有尽头的霓虹、商场、人流。感觉到憋屈的是他，他说他从来没有这么穷过，“事业”也从未这样落魄。但在橘子眼中什么东西都充满了新鲜感，她少女的天性在燃烧着，总是在仓库里为一点小事开心得不得了，这让他感到了一些安慰和幸福。

过年之前，他给了她五百块钱，然后各自回家过年，他回泉州，她回长汀。等到过完年以后，她等了很久，他都没有回超市上班，每次催他，他都说就来就来，但又找出各种理由推脱。她一个人住在仓库靠门的地方，因为那里进出的人多些，她不会觉得那么恐惧。可是一到夜晚，孤单恐惧向她袭来，她白天上班也没有一点精神。她给他打电话，他莫名其妙地说："等你习惯了就不会害怕了。"

橘子只能想办法让自己快乐一点。奇怪的是，以前她最喜欢的羊肉串，现在一闻到味道就想吐，怎么都吃不下，后来发展到看见很多东西都反胃，甚至闻到鱼的味道也想吐。这种感觉和她坐绿皮火车回上海的时候一模一样，火车上挤满了人，她在自己的行李上坐了十几个小时，车厢里混合着烟草和食物的气味，还有人体汗臭的恶心味道。她后来想起，她其实不应该那么挤那趟绿皮车的，伤了元气。

她并不知道自己怀孕了，反而是他，在电话里听到她反复这样抱怨，才意识到她应该是怀孕了。

于是他匆匆来了上海，去医院检查的时候，她害怕得发抖，竟然晕倒了。勉强支撑着做了检查，橘子贫血很厉害，还有很多指标都不正常，无法做流产，只能等身体养好之后才能做引产，两人只好回去。

在采访的时候，橘子说了好几次："很多人都觉得他挺坏的，其实根本不是的。"

橘子怀孕了，他一直尽心陪着，他们在外面租了房子，一千五百块一个月，两个人永远离开了那个地下仓库，他也是真心开始拼搏了……

橘子知道，童年给她留下了永远摆脱不掉的东西，她身体太差了，她从来不知道自己的身体这么差，只要离开了床铺，她随时都有可能晕倒在地，身边必须要有人陪伴，她也做不了任何工作。

这时候他决心要这个孩子了，第一是他害怕引产会出事，另外他并没有一个健康的儿子。现在，必须为这个孩子的到来做点准备。为了省点钱，他从长宁区骑自行车去了青浦区，骑了四五个小时，他有个朋友在那里做食用菌栽培，这时候橘子才知道他竟然懂一些食用菌技术，不然不会平白无故去麻烦别人。

他们把家安到了食用菌示范基地，这个基地后来发展得很好。食用菌孢子供应给很多农户，当时发展成为青浦区的一大产业，橘子总算安心下来。他成为基地的负责人之一，她不用再为生活操心了。就是生孩子的问题有些麻烦，她是计划生育的控制对象，连医院都不敢去。后来有一个员工，找关系偷偷带了她去照 B 超，说是男孩。他大喜过望，每天不管再忙再累，都会带着她一起去散步。这个地方远离城市中心，有田野和庄稼，还可以看到远方的天际线。

橘子永远忘不了孩子出生的那一天，那一天是 2002 年 10 月 17 日，忘不了那一天她的喜悦、痛苦，还有他的表情。

在宝山的一个破旧板房里，她完成了女人一生中最重要的任务。不能去医院，就拐弯抹角找了安徽的接生婆，说好了三百块钱。条件虽然很差，但接生婆懂点技术，看她太慢给她打了催产针，她从早上八点挣扎到了下午三点还是没有生出来。她痛不欲生，接生婆反而生气了，觉得陪着煎熬了这么久，才挣三百太不划算，还要冒那么大的风险，搭上一支催产针，她说：“你一个小时之内再生不下来，我就不陪你了，我要回家，你自己去医院吧。”

说是这么说，真要走，接生婆还是害怕的，万一出事了怎么办！就这样熬了一阵之后，孩子终于出来了。晚上九点，他下班赶过来，欢天喜地地抱着宝宝就亲，接生婆在旁边说了一句：“小公主确实好漂亮啊。”

他突然僵硬在那里了——橘子说那个画面是永恒的，因为那个画面永远定格在她的脑海里，但她怎么都无法用语言形容出那个场面。他脸上涌现出奇怪的表情，一阵茫然，一阵没有结果的思索，加上巨大希望落空之后的不知所措。

他一直认为那是个男孩！

橘子说一点也不怪他，真的，那个时候他栽培的食用菌出事了，被病菌感染，全部长了绿霉，基地损失惨重，他负责技术，责任无法推脱，工作上压力巨大，这个时候唯一的安慰就是肚子里的“男孩”。他打开襁褓看了看，嘟哝了一句：果然是个小姑娘。然后匆匆离开了。

后来，她一直试图去理解他的失望，看看他的失望究竟有多少，她果然也做到了。

生产的那一天，青浦还笼罩在秋老虎的余威之下，又闷又热，说也奇怪，孩子降临人世之后，天边就响起了滚滚雷声，大雨倾盆而下，一下子就凉了下来。上海的这个热季终于结束了。第二天就至少要穿两件衣服，此后秋雨绵绵不绝。

少女妈妈并不像成年母亲那样有充分的准备，尤其是心理上。橘子每次看到襁褓里的小脸，都会觉得恍然如梦，她是怎么有这么个孩子的，她是怎么走到这里的？这一切都发生得很奇怪。晚上睡觉躺床上的时候，她必须把一只脚放在地上，做噩梦的时候，看到那些神秘古怪的东西的时候，就可以马上让脚踩到一点实在的东西。如果那些景象是真的，她也可以踩在地上立马就跑。

初生的孩子都很吵，她又有点产后抑郁症，他有点忍受不了，很快两人就分房睡了。有了这个孩子之后，橘子也不再是开心活泼的少女了，总是为琐事碎碎念叨，坐月子的时候她要做很多家务，总希望他能搭把手，生活就少了很多乐趣。每次他烦的时候，他都会重复这样一句话：“如果你再这样子，你就别怪我太狠心了。”

他第一次说出这句话时，橘子很震惊，反复很多次之后，她慢慢失去了安全感。她害怕这句话，每次听到之后都默然无语，他反而觉得这句话起效果了，简直百试不爽。有一次，他不辞而别回福建之后，橘子觉得那种不安更加剧烈，他也许一直在说真的。孩子满百天之后，她找他要了五千块钱，嘴上说是怕他把钱花完了，两人又再回到去流浪的不堪生活，其实是想找点安全感：万一他走了，至少母女俩能活上五个月。因为这五千块，她也有了人生的第一张银行卡。

女儿一岁的时候，她干脆就在食用菌基地上班了。她开始不停地往银行卡里存钱，橘子说：“每多存一百块钱，我都会多一分安全感。”

这是一个起点，也是一个转折点，这是从男人、从所谓的爱情，向金钱、向独立、向自由的转折点。橘子后来从不忌讳自己非常爱钱，也爱教别人、帮助别人挣钱。如果你了解这个缘由，就会发现她的观点其实一点没错，即使有人现在不理解这一点，但再活久一些，再经历多一些，终究会理解的，只是橘子比大多数女人理解得更早而已。当和她同样年纪的少女沉迷于爱情、沉迷于繁华生活的时候，她已经是母亲，她已经抱定这样一个简单又直接的真理了。

不再依靠任何人，这不是她想不想的问题，而是她的一个本能。

孩子满周岁的时候，橘子经常抱着孩子在黄昏的时候出去玩。熟悉上海的人都知道，上海会有很多外地人聚集的夜市，她家旁边也是如此。当她知道摆个地摊，从晚上六点干到十点，一个月差不多能挣一千多块的时候，立马也投身进去了。白天上班，晚上练摊，孩子就让食堂的阿姨帮忙带一下，卖点小饰品、内衣裤之类，后来又添置了一辆三轮车，卖利润更高的水果。其间她和这个男人越来越疏离，由于上海成本太高，他去了苏北做食用菌，这一次，他是真正地离开了。她对这个事实很漠然，因为这是逐渐发生的，很有层次，就是自然而然到了这个结果。

孩子两三岁的时候，她彻底开始了单身母亲的生活。她根本不怕，因为她觉得到处都是挣钱的活，何况她会很多技能，甚至会开大货车。她自己后来开货车到市场做食用菌批发。按照她说的，这个生意还是托了他的福。在市场里，她人缘很好，货源、客户的数量都远远超出其他商户。因为这个生意，她过了一两年好日子，虽然自己开车拉货，但她觉得那仍然算得上很轻松的好日子。

但随着食用菌技术的普及，市场供应量越来越大，利润慢慢就没有了，她也为了维持好客户关系，做着不挣钱甚至亏本的生意，这让她在市场赢得了大方美丽好女人的名声。

她并没有意识到这就是她性格上的优势，是她在微商领域取得巨大成功的基石，她只是依本能这样做。

橘子存到五万块钱的时候，把女儿送进了上海宋庆龄幼儿园，女儿三岁起就在那里开始了专业的舞蹈训练。从这个时候开始，挣钱存钱又多了一个巨大的动力：要让女儿始终接受最好的教育。

橘子说："在财富之路上，我永远是幸运者。"

她能说出一大堆关于幸运的故事来，比如她拿这个五万块钱做首付，买了上海的一套小产权房，刚好遇到两个也想买房的朋友，她就介绍他们去买了同样的房子，开发商就给了她两万块钱的奖励，这样她买房子的首付才花了三万块钱，这套房子后来居然也转正了，有了正式的产权。还有就是后来开饭店、开服装店的事情。开饭店办各种证件顺利得出奇，这在上海都是很难的事情，开张后又靠从前的客户很快撑起了场面。开服装店则是抓住了一个好时机，本来那个女孩因为结婚生孩子要转让店面，店面转让费要五万块，橘子就说我给你一万块，外加帮你处理完你的存货，你忙完后还可以收回这个店面，我就当拿这个店面练练手吧。早为人母的橘子已经吃准了，这个女孩在婚姻上应该是不错的，生完孩子之后应该不会再出来自己做事了，这个店面她是不会再收回去了。果然，那个女孩最后不要这个店面了，这个店面后来的转让费涨到十八万元。

2013 年，橘子的服装生意也不太好做了，因为她的生意本来是靠周边做娱乐产业的女孩撑着的，随着政策的变化，娱乐产业一夜之间云消雾散，周边的生意也一落千丈。她开始想的是转行做化妆品，就在淘宝上做。因为要研究产品，她就不停地买产品做实验，看效果。有一次，她在公园里玩微信的时候，搜索到一个人在微信上代购各种护肤品，各种嫩红啊，瘦脸啊，粉润啊，描绘得很动人，橘子是第一次看见这样动人的字眼，就加了她。这个事情点醒了橘子：原来微信上面就可以卖产品啊。

这个陌生的好友被橘子置顶了，每天研究她的朋友圈。橘子反复问来问去，就是没有买她的产品，最后她竟然把橘子删除了。橘子说："这个人注定是个失败的微商，怎么能删人呢？你都不知道你删去我，失去一个多大的机会啊。"

这只是一个小插曲而已，总之，橘子终于在成千上万的护肤品中，遇到了自己一生的终极幸运。有一次她搜索到一款号称"约会神器"的面膜，销量巨大，她试用了之后，就去网上写评论，她发现这款产品的每条评论后面都有一条回复，这条回复后面留了一个微信号，说可以教大家做微营销。这款产品正是思埠的产品，那个细心给每条评论留下微信号的，正是思埠的董事长吴召国。

没有什么人会认为这是个机会，之后会发生一大堆核聚变式的反应，但橘子本着学习的态度，加了吴召国的微信。吴召国在朋友圈反复说要开课了，要教微商微营销了，橘子就满怀希望地等啊等，吴召国竟然老是食言，说好的课程一直没有把她拉进去——其实不是因为拉不进，是因为根本没有开课，吴召国在初期总是凑不齐人，总是只有橘子一个人在踊跃报名。橘子最后给他发私信：你再不把我拉进去听课，我就删了你！

吴召国马上回答：明天一定开课！

那堂课其实很多人是吴召国拼凑的，但内容却非常精彩，也彻底颠覆了橘子摸爬滚打出来的生意经，震颤到了她那曲折人生锻炼出的灵魂，原来生意竟然可以这么做，原来微信竟然可以这样玩。

"我的微信有一万好友，一万就是一万个客流，相当于一家大型沃尔玛超市的客流。”

“你早晨第一件事情是不是打开你的朋友圈？你睡觉前最后一件事是不是看一遍你的朋友圈？这意味着什么，意味着你的朋友都在这个时候涌进你的店面。”

“你们用微信去消磨时间，我在用微信赚钱！”

……

那一堂课，橘子从加好友开始了自己的微商之路，不到一个月的时间，她加进了三千个好友。三个月之后，她转掉了服装店，成为专职的微商。

现在她是思埠集团的合伙人、上海思埠的董事长。她有了惊人的财富，她在帮助更多的人成为富翁，那个从两百多块钱工资出发的山中女孩，已经走到了离梦想更近的地方，而她现在才三十二岁。

很多人会感慨于她的人生竟然如此跌宕起伏，感慨于她身世的曲折和世间的无情，但她坚持认为，从走出大山的那一年开始，她就一直在交好运，这些好运让她宽容了所有的人。因为所有遇到的人，都是她的幸运。她甚至从未忘记给养父母的承诺，只是寄回家的钱在不断增加。

什么是幸运？幸运的本质其实是一个概率问题，因为橘子在不停地努力，不停地试图碰撞幸运，不停地交到很多朋友，朋友越多，带给她幸运的概率就越来越大。

评论 ||| 一个闽北女子的女权觉醒

我很庆幸橘子愿意和大家分享她的人生故事，因为这个故事有着无与伦比的典型意义，它的开始和它那尚未完成的结尾，指向两个人生极端：一端是卑微的抱养，极度的贫困，闭塞的世界，渺小的女人，自私的男人，农村里残存的愚昧；另一端则是董事长，都市的征服者，别墅，保时捷，写字楼，新经济，优雅的生活……

和两个人生极端所对应的，刚好是两种生活的极端，按照詹姆斯·C. 斯科特的道义经济学理论，橘子所生长的闽北农村社会，大多数人是徘徊于生存边缘的，由于地理因素，这里并不像闽南人那样崇尚“爱拼才会赢”，人们都把追求利益最大化作为行动的目的，他们更爱在避免失败和追逐冒险之间找平衡，他们更趋向于前者。这种社会结构的稳定性和平衡性，是一套固守乡土的观念和制度来完成的，在宗亲、分配和分工这些关系上，必然会牺牲一些人的利益，以达到平衡。

橘子很不幸地成为这牺牲的一部分，其根本原因她是女性，且因为抱养缺乏家庭地位。在农村里，她的价值被粗野地定义为冲喜、小劳动力、带弟妹、娃娃亲这些。在表面上温情脉脉的亲缘网络中，大量善于自我牺牲的女性，实际是实现宗族稳定的基础，她被迫生活在千丝万缕编织的“人情”之中，就像真正被大山围起来的那个“坑”。

所幸，她实现了一次温和的革命，而不是暴烈地和从前那个社会决裂。之所以说温和，是因为她用固定的“孝敬”维持着自己的自由，再到后来，这种“孝敬”失去了实质上的功能意义，又还原为一种温情。

说到“孝敬”，这个故事的真实内核就赫然打开了，这就是女性的经济独立到底有多重要。在没有钱之前，我们可以看到橘子的反抗都是无效的，读书与否，穿不穿旧雨靴，订不订娃娃亲这些，她终究还是处于弱势地位。第一她找不到称手的武器，面对强大又无形的传统力量，她甚至连目标是谁都不知道。第二她承受不了失败，如果一生只局限于那方小小的土地，即使她胜利了，也同样无处可去。

当她取得了经济上的独立，从第一个月能给家里寄上两百块钱之后，一切开始迎刃而解。如果拍一个传统的电视剧，她更接近于《阿信》，而现在的新经济时代和阿信的时代完全不一样了，阿信必须很缓慢地，几乎是耗尽一生才能建立自己的经济帝国，而互联网时代很多人用很短的时间就创造了这样的帝国，乃至飞快地走向了另外一个社会的极端——那里的财富产生于创意，机会发生在边缘，商家和消费者在玩零和游戏，草根无须成本……如果没有这些，橘子很可能会像阿信一样，用自己的一生，乃至下一代的努力，才能完成现在这样规模的财富积累。

在这个眼花缭乱的时代，橘子无疑是一个令人艳羡的女性标本，她用经济独立来解决人生问题，经济独立创造了人格的高尚和人生的自由，最快速、最有效、最简洁，无毒副作用。如果她无法取得经济独立，我们看到解决问题的手段很可能是这样，和那些很俗的电视剧一模一样：故意拖延，假装糊涂，破罐破摔，拼死决裂，乃至亡命天涯。

如果你无法一个人活得更好，那你连反抗的手段，都会显得毫无尊严。

这是一个要求人人都具备自身价值的时代，生活的权力来自争取，而非他人赐予……

在和上百位女性微商的交流中，我从来无法推翻这个结论，她们每个人都有自己的故事，作为女人的故事。如果硬要为经济独立加上好听的解释的话，那么实现所谓的情怀和理想，最好去花自己的钱，安全的钱，符合法律和道德的钱。如果做不到这一点，你无法完成对亲人的救赎，你一辈子不能摆脱你所厌恶的男人，你永远不会让田园失而复得。在这个现实的社会中，经济独立起初是求生自保的本能，更上一层则可以肩负理想和使命。

如果你还有理想，比如像帕尔曼那样拉小提琴，像杨丽萍那样跳舞，像梭罗那样移居湖畔，那么这些理想最基本的一个基础，就是不要生活在他人的阴影之下，更不能建立在他们的血汗之上。

阿胶妈咪

PART · 5

刘杨刚刚开始做阿胶的时候，甚至担心邻居闻到中药气味去投诉她，熬胶记的每一章都充满着担惊受怕，她一定要走出这种恐惧，让朋友圈知道，没有人会比她更舍得做真实的驴胶。

鹏基·诺亚山林位于长沙市的星沙，穿过浓郁绿荫掩盖的联排别墅区，背靠凉塘路，有一排五层楼的小洋房，一楼一个20平方米左右的小花园精巧得如同大号的盆景——一棵梧桐、一棵桂花树，分别位于花园的左右两角，连接两棵树的木色栅栏上挂满了红黄两色的小花。本来这里应该在春天充满着梧桐花香，秋天则是甜甜的桂花香，但路人经过这里，会不时闻到从花园小房间里飘散出的一种特殊气味，里面夹杂着核桃、红枣的香甜，还混含着黄酒淡淡的腥味。如果是在秋天，和着桂花香飘过来，那种香味会浓郁得散不开，让你打几个喷嚏。

没错！这就是阿胶熬制的气味。汨罗姑娘刘杨是这个小花园的主人，30岁这一年，她做了一件改变自己命运的事，从此这种气味缭绕了她以后的日子。

从前，她尝试过早教老师、销售、淘宝客服等多种职业，2015年3月，她选择成为一名专职的微商，在微信上销售自己手工熬制的阿胶糕。

带小花园的这套房子，是刘杨和老公张鑫在家人帮助下于2010年购置的，房子不大，只有90平方米左右，总价30多万，贷款了20万。

2017年过了春节，辛苦了一年的刘杨为了犒劳自己，把家里重新装修了一遍，“新家”被设计成梦幻的地中海风格，蓝、白两色的基调，有五彩的吊灯、

>>> 刘杨把自己的家布置得十分温馨

拱形的走道，还有米黄色的纱帘。在客厅一角，她给 5 岁的女儿“西瓜”专门留了一块活动空间，一面墙整齐地码放着儿童读物，另一面墙上挂着十几张家人 2017 年春天去泰国海岛游玩的照片。

>>> 原料的品质，是质量的基础

有了一定的积蓄和能够支配的时间，大学学音乐教育的刘杨终于有了一点安定感，开始拾起骨子里对生活的那些小情趣，完成一个个梦里有过的家庭幸福画面的拼图。

安定，这是一切的基础，与她的成长经历有关。对于生活，小镇长大的刘杨从小有种莫名的恐惧感。3 岁时，刘杨父母去了广州打工，甚至有几年过年都不能回家，虽然有爷爷奶奶的陪伴，刘杨总觉得生活中少了些什么。她常封闭自己，害怕和人打交道，害怕遇到陌生人，害怕表达自己的情绪。刘杨至今清楚地记得，仅有的几次和父母通电话后，她都会偷偷抹去眼泪，不让爷爷奶奶看到。

刘杨和张鑫是高中同学，高中三年，两人并无太多交集。刘杨性格内向，在班上属于听话的乖乖女，张鑫则有点调皮，不服老师管。大学四年，刘杨去了江西读师范，张鑫进了常德一所大学，天各一方。命运的轨迹总是很奇妙，一直到同学聚会时的一次偶然碰面，两人才开始慢慢走入对方的世界。2008 年大学毕业，两人携手来到深圳闯荡，那时哪有什么规划啊，只是为了去大城市见见世面、碰碰运气而已。城市里哪里有什么好运气可碰，告诉你运气的人，往往是谋划好了一场场精致的骗局，所幸两人都没有抱太大的幻想。这个城市的机遇，只属于强大的资本，和非凡的才能。刘杨在深圳金宝贝早教中心当老师，张鑫去了一家公司。在深圳的两年，这对年轻人像浮萍一样，漂浮着。张鑫换了几份工作，最难的时候，将手机当了五十块钱解决吃饭问题。一直到 2010 年，有着创业想法的张鑫先回到长沙星沙开了一家洗车店，头几个月生意还不错，后来周边的洗车店雨后春笋般冒了出来，加上店面和水电费涨价，第一次创业，未满一年只能歇业。

刘杨随后也回到了长沙，为了租个便宜合适的房子，他们骑着借来的电动车，在星沙灰埠安置小区转了两天。2011 年，两人结婚了。因为怀孕，刘杨

>>> 刘杨在朋友圈晒自己工作的状态

找了一个淘宝客服的工作，白天不用上班，晚上工作 4 个小时，每月一千多块的工资，可以减轻一下家庭负担。2011 年 5 月中，孩子“西瓜”出生的那天，刘杨淘宝客户的工作都没有请假。后来的一两个月，为了带孩子，有时候来不及在线回复客户，刘杨被店主开除了。刘杨伤心了几天，不为别的，就因为这份工作“没有做好”。

>>> 和客户沟通

这可能是城市无数小夫妻、小情侣的共同遭遇，所不同的是，有的人会哀怨于这种凄惶不安，有的人则拼死也要驱逐心中的这份惶恐。之后的几年，刘杨的生活重心都围绕着小孩在转，孩子在哪，她就去哪陪伴。因为有过早教老师的经验，“西瓜”8个月的时候，刘杨带着她去了早教中心上班。“西瓜”要上幼儿园了，她们就一起去幼儿园。

>>> 刘杨和女儿

有了孩子之后，刘杨才发现自己终于抱住了生活中最真实的东西，以后不管再有多大挫折，孩子，永远是力量的源泉。“有时间就多陪伴孩子，想让她过得更好。”当然，有了孩子，生活的压力也会随之而来，每个月的工资给小孩交完学费就所剩不多。张鑫的工作也一直不稳定。刘杨更大的挑战和心理压力来自于每天的备课。为了上好每一节课，她都要花很多时间来准备，有时候晚上睡觉，突然想起课程设计需要补充的细节，她都会马上起床记在本子上。她只是一个平凡又敏感的女子，天生不是大大咧咧的辣妹子。

相依为命，刘杨喜欢这个词，有了相依的，就不再觉得那么悲情了。汨罗，离长沙并不遥远，但那个缺少关爱的家在她心里已经有些模糊了，现在的家和未来却逐渐清晰起来。一个场景，一直在刘杨脑海中挥之不去：微店生意忙碌的时候，妹妹帮忙打包，公公负责剥核桃壳，老公一天跑十几趟在星沙片区送货，为了这个家，每个人都在付出。在陌生的城市里安身立命，亲人间的依靠扶持是将家捆绑在一起的强大能量。这样的相依为命，温情而真实。相依就是安定的起点，它会一点点给你勇气，哪怕这个勇气是一点点挤出来的。勇气多一点，恐惧就会退缩一点，直到再没有恐惧生存的空间。

一个人的天性是很难改变的，但你可以用改变现实来保护住你性格中的缺陷。有了相依，刘杨的自信与热情也一点点绽放出来，她用努力赢得了众多孩子、家长、同事的喜爱与信任。在微商经营上的成功，似乎也就成了顺理成章的“无心插柳”，刘杨用女性的温柔和耐心，慢慢建立了自己的城堡，这个城堡是融洽的人际关系，温暖的朋友圈。

在这个朋友圈里，她是真实的，值得信任的。从一个人的真实，能够诞生出另外一种真实吗？当她选择在朋友圈里卖阿胶的时候，她并不是没有对手只有朋友，因为这个时候在朋友圈里卖阿胶的已经很多了。她没有品牌，没有资源，没有资本，除了真实，她并无其他的路可以走。那就干脆从真实开始吧，刘杨的第一个功课就是研究材料。为了保证阿胶原料的质量，刘杨和山东的大学同学取得联系，并在介绍下专程去了一趟东阿县，联系到了一个靠谱的厂家，所有的阿胶原料都是从这个厂家直接发货。熬制的黄酒，选用的是“中华老字号”即墨黄酒，光一瓶黄酒就比普通的黄酒贵出一倍。其他的辅料食材是从长沙的干货市场精挑细选最后确定的一家供货商。没有真实，她对不起熬胶这门古老的手艺。

“阿胶一碗，芝麻一盏，白米红馅蜜饯。粉腮似羞，杏花春雨带笑看。润了青春，保了天年，有了本钱。”关于阿胶，元代著名曲作家白朴在《秋夜梧桐雨之锦上花》中，对它的形、色、味及养生驻颜之功效，有过一番生动、细致的描绘。800 多年前的元代，白朴大部分时间生活在盛产阿胶的山东，在那缭绕一生的熬胶气味中，他对于阿胶润青春、保天年的功效，更能够做出诗意的描绘，“杏花春雨带笑”，这是当时人们对阿胶的喜爱，以及健康生活“有了本钱”的向往。如今，这个老祖宗传下来的“药食同源”的宝贝已走进千家万户，在南方的城市，你也能便利地享受到个性定制、新鲜熬制的阿胶。

靠着小花园的小房间，就是刘杨的加工坊，里面井然有序地摆满了各种原材料和包装用的纸袋，还有两口大锅。在一口大锅里先放入阿胶和黄酒，用中火熬制一小时左右，等黄酒蒸发得差不多了，阿胶成黏稠挂漆状态时，逐步加入核桃、红枣、黑芝麻等辅料，然后要用锅铲，不停地搅拌，让辅料均匀地融入阿胶中。

熬制阿胶是个技术活，经过多次实验和尝试，刘杨琢磨出了自己的搭配标准：阿胶 750 克，黄酒 500 毫升（2 瓶），核桃 650 克，红枣 500 克，黑芝麻 650 克，冰糖 350 克，桂圆 120 克，枸杞 150 克。可别小看了用料的细节，正是这环环相扣的步骤，决定了阿胶糕成品的气味、口感以及食用效果的差异。大部分人做阿胶糕，是把阿胶打成粉，然后加入黄酒直接熬制，但这在一定程度上会破坏阿胶的口感以及功效，刘杨直接把阿胶块用黄酒浸泡一两天，等融化后，直接熬制。这么做，需要花更多的准备时间。辅料搭配上的这套标准，经过了多次的尝试才确定下来，也熬坏了不少原料。比如，最开始制作时，她用的辅料搭配是 650 克红枣和 450 克黑芝麻，后来发现，提高黑芝麻的用量，能够增添成品的嚼劲，红枣适当减少，能够去掉一些过多的甜腻。

熬制过程也是个体力活，特别是加入辅料后的搅拌过程，必须用力持续而均匀。刘杨拿锅铲的双手手掌早早就起了厚厚的茧子。在夏天，即使房间开着

>>> 在小区里工作，刘扬更容易获得安全感。她家的小庭院郁郁葱葱

空调，靠着炉火，熬制完一锅后，衣服常常也会湿透。在正常情况下，两个小时完成熬制，一锅出来是 3 公斤左右，冷藏 24 小时后切片，然后用真空袋包装，34 小片装入纸袋为 0.5 公斤，差不多就是 1 个月的食用量。

她彻底成为一名熬胶工，孩子也经常过来凑下热闹——有时候这种场景恍然如梦，如果不联想起过去那些漂泊的岁月，她都不能肯定自己是否是真实的，在一个手艺活上投入真实的劳动和真实的物质，这才是彻底感觉安定的理由吧。她不像有些人，会因为谎言而活得真实。

刘杨第一份阿胶糕卖出，完全出于“无心”。2015 年年初，刘杨还在星沙一家早教中心当老师，听说阿胶膏能补气生血，闲暇时间就和同事学着做，把制作过程发到朋友圈，没想到一天就得了近百个点赞，找她试味的朋友络绎不绝，微信都响爆了。这也许是个好的商机？一直不安于朝九晚五平淡生活的她有了点想法。她开始把早教工作之外的一部分精力放在了阿胶糕经营上，由于是手工定制，加上她自己的言传身教（每天发送制作工程，自己的食用口感以及效果的反馈），找她要货的人呈倍数增长，朋友圈里的人开始称她为阿胶女王。

2015 年 3 月，尽管家人持反对意见，而立之年的刘杨，还是做了一个大胆决定：辞掉稳定的工作，专心做她的阿胶女王。一天销量 10 多公斤，单月快递费 4000 块，五六十个代理陆续上门来拍制作小视频。这些数据，来自刘杨微店去年生意最火爆的时候。仅仅一年时间，她的单月平均纯利润做到了 5 万多元，吸引了 60 多名代理商的加盟合作。

销售本身有淡旺季（阿胶销售在每年的 9 月到次年的 4 月是旺季），加上同行竞争等因素的影响，刘杨今年的生意遇到了瓶颈。但她并没有太多担心，策略是用变化来应对变化。

2016 年冬天生意最红火的时候，刘杨已开始未雨绸缪，首先是控制成品的规模。虽然代理商一直在增加，刘杨还是将规模定在可控的范围内，加工坊内的存货基本上只有一个星期的销售量，卖完才重新制作，不囤积成品。她希望自己的微店保持纯手工的业态，一切量力而行，规模做太大了，很多细节控制不了，品质也就难保证。卖阿胶糕其实并没有太大的技术难度和商业秘密可言，如果有那么点心得，刘杨认为就是一如既往地坚持品质，注重细节，用个人魅力维持自己店铺的信誉度。

微信是一个碎片化的社交空间和平台，微店经营有更多潜力需要用智慧去开发，创新显得尤为重要。朋友圈拍来拍去都是重复的东西，客户朋友都会有审美疲劳，可能就将你暂时屏蔽了，等到需要的时候再想起来关注你。2017年年初开始，刘杨想着法子让朋友圈的内容丰富起来，她根据季节的不同，推出了养胃润肺的黑糖姜母膏、清凉解暑的川贝柠檬蜜等新品。朋友圈每天，只间隔着发三到四次，从不刷屏。每推出一款新品，她的点赞和咨询量就会立马上去。阿胶糕当然还是“头牌”，定制的品种也会推陈出新，夏天吃阿胶容易上火，放入百合、莲子，可以清热降火。有糖尿病的不放冰糖放木糖醇，老人家需要补气，加点香参，想要对头发好的就加首乌。新增的定制产品，销量不大，但可留住客户。吃阿胶糕，至少要三个月才看得到效果，刘杨自己也坚持服用，并把一些食用方法和身体变化的感受点对点地告诉顾客。

这两个月，刘杨每天会起个大早，做一份果汁饮品或美食，发到朋友圈里，并附上详细的制作方法。手工纯天然的各种美食制作一脉相承，时间久了，刘杨俨然成了朋友圈里的美食达人，客户的“忠诚度”自然提高不少。

刘杨把这些当成自己微店的增值服务，为客户提供了更多的附加价值，直接带来的利润不多，但无形中可以增加复购率。做生意不能懈怠和被动，淡季如果不想法子经营，到了旺季也火不起来。她做了个比喻，就像你进入淘宝的某个店铺，本来只想买一个手机遥控器套子，结果发现这家店不错，以后有需求才会继续关注这家店铺，如果你这家店只有遥控器套子，可能下次就不会有兴趣光顾了。

除了经营好自己的微店，2017年3月，刘杨和朋友一起投资20万，在星沙的上都国际城开了一家早教中心，由丈夫和朋友打理，她成为早教中心的老板，刘杨梦想里美好的拼图又完成了一个。

随着加入群体的爆炸式增长以及门槛的变化，微商转型、淘汰的故事每天都在发生，小老板的悲喜永远不会重样。世界上真没有永恒的安定，因为所有的生意都是有限的，生命也是有限的。所谓的安定，其实是这一切有限中人尽力能抓住的真实。

评论 ||| 恐惧的中心

看过《罗马假日》的人，都会对剧中石头雕像“真言之口”记忆犹新，假如你撒过谎，把手放到它的嘴里，手很可能被咬下来。这个寓言，其实说的是人内心深处的不安全感，是生命里最基本的恐惧，每个人都害怕有一天会掉进梦中的某个黑洞里。

而霍桑写的另外一个传说更为可怕，罗马的主神殿山上的中心广场，突然出现了一道裂缝，把一个全副武装的罗马将军彻底吞了进去……

对于大小微商来说，朋友圈可是比罗马凶险多了，我们害怕压货，害怕被朋友拉黑，害怕快递出问题，害怕被当成骗子，害怕被半夜的电话吵醒。

在和刘杨的交流中，她多次提到了恐惧，对陌生人的恐惧，对生活的恐惧，对未来的恐惧。这种心理状态，也许与其经历有关，3 岁开始父母就不在身边，成长的日子里，不安全感一直随行左右。然后步入社会，选择到大城市打拼未来。

想一想吧，天真的青年，第一次来到陌生大城市的中心，她两只手就提上了全部家当，这时候 360 度无死角呈现给她的，不是风景，而是惶恐。

惶恐来自于往身后一靠，身后连个椅背都没有，只会一屁股摔倒仰望苍天。这让我想到好朋友子潇，来自张家界大山深处的一个土家族姑娘。大学毕业后，通过层层面试，子潇幸运地被一家世界五百强的电信通信公司录取，成为一名客服人员。刚开始工作的那几年，子潇公司的效益很不错，状态也十分稳定，每月的工资让同学、朋友羡慕，听上去体面的工作让父母在老家很有面子。子潇很上进，从营业厅的普通客服人员做到了值班经理，成为公司的内部讲师，每年都要给入司的新员工传授专业的服务礼仪。

在公司工作的第 10 年，子潇因为怀孕生子，请了半年假。就是因为这半年假期，她的年度考核被排在了部门末席（另外半年她的工作依旧出色），公司剥夺了她参加每年一度的员工升级考试的资格。子潇恳求部门领导给予参加考试的机会，即使最后流出了委屈和不解的眼泪，她得到的也只是冰冷的拒绝。子潇开始怀疑，是哪里出了问题，这份曾经令旁人羡慕的工作，最后竟成了一段细思极恐的经历——原来她以为已经得到的安全感根本不靠谱，在效益至上的年代，在KPI（关键绩效指标）主导公司的年代，你就是一个效益而已，要么放大，要么消失。

经过一番慎重考虑，子潇做出了抉择，她说服了持反对意见的家人，写了辞职报告。

在不少人看来，拥有体面、稳定的职业，不管自己背地里有多委屈，当外人看起来有面子，也算是一种安慰。但你真的了解那种恐惧吗？

在做出辞职决定之前，子潇不可能没有挣扎和犹豫。但最终促使她下定决心改变的，并不单是公司缺少那么一点人情味，而是她的内心渴望选择另外一种生活，即使对未来有着各种未知。休息一年后，一次偶然的机会，子潇加入了中国平安。有趣的是，保险行业因为之前的种种不规范，口碑并不好，加入这个行业时，家人和周边的朋友表达了众多不理解：去卖保险干啥，多没面子啊，你能干多久啊？子潇倒觉得，有什么不可以尝试的呢？在平安公司的两年，她面对的恐惧不会比以前少，但她已经知道恐惧是一种常态，干过保险的人都知道那种恐惧有多么深刻。米兰·昆德拉曾经说过："我们经常痛感生活的艰辛和沉重，无数次目睹了生命在各种重压下的扭曲和变形。'平凡'一时成为人们最真切的渴望。但我们无意间遗漏了另外的一种恐惧，没有期待，无须付出的宁静，其实是在消耗生命的活力和精神。"

刘杨在选择做微商之前，内心也有恐惧和不安，她要辞掉相对稳定的早教老师工作，去涉及一个从未尝试过的领域，去创业。家人不支持，朋友不理解，很正常。很庆幸，刘杨这么做，并不是心血来潮，对于产品，对于朋友圈的经营，对于自己的人脉，她做了功课和分析，前期兼职尝试的成功更坚定了她的信心。

《蝙蝠侠黑暗骑士》中有这么一个片段令我印象深刻：蝙蝠侠被囚禁在一个深井式的地牢里，忍受着背叛、伤痛、绝望等折磨，之前包括蝙蝠侠在内的无数人进行了多次尝试，没有一个能逃出这深不可测的黑暗地牢。直到一位盲人长者给了蝙蝠侠建议——要逃出地牢，不能依靠绳索的保护，豁出去，才能博得一次机会。听取了老者的建议，蝙蝠侠置之死地而后生，最终成功逃出。

原来，我们真正的恐惧，来自于不能舍弃的这根“绳索”，“绳索”可能是面子、旁人的看法、小人的算计，可能是你已经习惯了、难以去改变的生活状态，可能是家人密不通风的“呵护”。丢掉这根“绳索”，置身于恐惧的中心，我们将不再恐惧。

既然我们所恐惧的东西，根本不是什么“可能发生”，而是“必定发生”，那就根本不值得恐惧了。星云大师讲过一个故事，有四个婆罗门，都修炼到家了，仍然摆脱不了对死亡的恐惧——确实，尘世里没有比死亡更令人恐惧的东西了。有一天，索命小鬼杀过来了，他们各显神通，想摆脱小鬼。第一个婆罗门用了飞行术，还是被小鬼追上了。第二个潜入深海，被夺命索钓了出来。第三个土遁到须弥山腹中，山还是被斧子劈开了。第四个挖洞逃到地层深处，在那里遇到了地狱烈风。佛陀最后说：不！要！逃！

恐惧就是你的修行，逃避恐惧，就是放弃修行。

一切无常，如是修行。

一切皆苦，如是修行。

只有这样，你才能慢慢看到天穹打开的光明。

PART · 6

AUTOLAB：实验行者

3 年前，杂志总编赵奕创建了微信公众号 AutoLab，个人开始做自媒体。如今的 AutoLab 旗下自媒体微信账号已几乎涵盖汽车全产业链，成为专注汽车各领域的传播与服务平台，拥有 50 万活跃粉丝社群。

透过 14 楼的落地玻璃，赵奕看了眼窗外内环高架上南北涌动的车流，他喜欢上海秋天这样的下午，阳光从西面斜射进工作室，差不多一半的工作台，在午后的两三个小时，都会有光束轻轻爬过的痕迹。落地玻璃幕墙上，贴着一副长条形的暗红色手工画，两大两小的圆圈对称排列。这是一间 200 多平方米的工作室，灰白两色基调的现代风格装修，阳光将手工画圆圈中少数民族图腾投射到地面上。

上个月，赵奕从云南香格里拉带回了这幅画。作为 Aotu Lab（汽车实验室）的创始人，他受邀参加了一场“5 天改变 10 年”的极致之旅体验。活动路线由《中国国家地理杂志》策划，“5 天”“10 年”这样的字眼，让赵奕一开始就充满好奇，凭什么这么大的口气？回顾这么多年来，真正能几天改变他 10 年的事，屈指可数——第一件应该算是高考，这个考试基本决定了能读哪所大学，能学什么专业，未来从事什么工作。另外一件是在 2012 年 4 月，他以媒体记者身份参加一项越野跑活动，在戈壁滩上跑了整整 4 天，差不多 126 公里。这个活动，让他养成了跑步的习惯，保持至今，并已经完成了五个全程马拉松。

>>> Auto Lab 位于上海的办公间

>>> Auto Lab 创始人赵奕

Auto Lab 创工作间窗外是车水马龙的内环高架

“极致之旅”的行程，日均行车在 300 公里左右，从香格里拉尼西乡上桥头村的村落美景，到体验藏式木碗制作，从飞来寺的静谧，到梅里雪山的壮丽，5 天时间，这里的人、物、景，甚至空气，都有其特有的味道。最让赵奕难忘的，是来到金沙江大拐弯时那一刻的震撼。整个长江最险峻所在，就是金沙江大拐弯和其后的虎跳峡一带。20 世纪 80 年代，这里承载了国人的目光与向往——漂流长江是全国人民关注的大事情，包括中央电视台在内，媒体都大篇幅地报道长江漂流的民间探险。西南交通大学老师尧茂书作为首个挑战者，在漂流 33 天、行程 1270 公里后，长眠于滔滔江水之中。尧茂书的行动揭开了长江漂流的第一页，并唤起了当代中国民间环境意识的觉醒。在他离去后的第二年，中国人完成了长江全程漂流。1986 年 4 月 21 日，长江科学考察漂流探险队在成都成立，并于 6 月中旬开始全程漂流。3 个月后，他们最终抵达吴淞口，但队员孔敏、王建军、王振、杨前明和记者万明为此献出了生命。赵奕到达金沙江大拐弯的那天，因为连日暴雨，山洪让整个金沙江呈现土黄色，江水汇涌过拐弯处，发出巨大的拍岸声。聆听着当地向导对这段历史的介绍，赵奕陷入沉思：万顷波涛下，不知道还埋藏了多少未知的故事。

改变了什么？怎么样才算改变？对于这次极致之旅的收获，每名参与者都有自己的理解。在 30 年后的今天来看，当年在长江漂流的探索，如此搏命的做法似乎有些不可理喻的荒唐，但在那个“白衣飘飘”的年代，正是拥有勇气、信念，才义无反顾地踏出第一步，才最终成就了很多人的梦想。3 年前，赵奕也做了一个勇敢的决定。他创建了一个微信公众号，准备个人开始做自媒体。而在这之前，从电视台记者到报纸编辑、记者，再到财经类杂志的执行总编，他都尝试过，并且干得出色。放弃体面而稳定的工作，投入一个全新而未知的领域，无疑是他人生中一次真正富有勇气的“冒险”。

赵奕在 Aotu Lab 微信平台上发出的第一条推送，可以算作是“发刊词”，但更像是对理想状态的美好宣言——现在我们要做一个线下沙龙了，关于汽车的。我们要定期搞，我们要创新，我们要请牛人来分享，我们要好玩。AutoLab 是什么？聚焦汽车、线下活动、互联网、服务的交叉地带，你可以叫它 G 点…… 赵奕现在回想起来，彼时这些都是向往高大上，都是自娱自乐，它们就像车窗上的灰，也许一刮就没了。

从零开始，说干就干！没有场地怎么办？通过朋友介绍，他和一个日本家具公司谈，先租了两个月的临时场地。听众哪里来？建了第一个AutoLab微信群，“忽悠”了第一批讲者和听众，其中绝大部分人并非对选题感兴趣，而是基于两点——“得了，帮帮你吧”或者“你折腾什么呢”。当然，最让赵奕头疼的，是每期沙龙的选题策划和主讲嘉宾的邀请。他一般会在微信群里预聊、炒热，把认为有价值的群里“大咖”的话分享在微信平台上，最后再确定话题。

>>> 跑步成为赵奕生活的一部分

>>> 赵奕和同事们在一起

所有一切，从单枪匹马开始。沙龙活动现场，赵奕背着书包、摄影包、三脚架、几个易拉宝，武装得像一名海军陆战队队员。调整话筒音量、设置投影仪效果，甚至每一把椅子都是他搬过来摆好的。每次活动，对于赵奕来说，都是

AutoLab 的一次实验，一场“战役”。

线下沙龙是 AutoLab 的重点方向，线上内容的原创性与选题方向也很重要。从硬件的角度看，古老的汽车产业没有什么新意，他想做的内容是汽车与互联网相关的新东西。AutoLab 每天推送的内容丰富多样，有采访大佬、行业分析、关注热点、汽车评测等等。互联网对写作者来说，有着更好的体验，做过传统媒体的人都知道“开天窗”是怎么回事，到了结版时间，版面还空着，没有内容填充，这如同梦魇。但新媒体就没有这个问题，内容有了，才会有相应的版面。这算是新媒体比传统媒体先进的一个方面。没有形式压力，内容先导让赵奕有了更方便、更自然、更自由的写作体验。

为了符合互联网的阅读口味，AutoLab 的文字和选题形式活泼，比如聊到热门韩剧《来自星星的你》，标题是:《周末福利哦！〈来自星星的你〉豪车，你买得起吗？》“叔可忍嫂不可忍”地介绍了《来自星星的你》中的 8 辆重磅奔驰车，用“小编被剧组的豪车震惊坏了好么，奔驰你太慷慨了”这样活泼顽皮的文字，介绍了各辆车的价格、动力性能等，契合粉丝口味，阅读量直线上升。推送时间则固定在下午 6 点，赵奕希望订阅者能在下班路上看看。

至于营利问题，赵奕在创业初期透露出一种朴素的理想主义情怀，他把 Aotu Lab 比作自己的孩子——孩子会长大的，面包总会有的。他深信只要“产品”够好，不愁“销路”。当然，赵奕也不时在微信公众号上坦露自己的焦虑:“现场的体验好不好，讲者讲得爽吗，听者能听到干货吗，流程控制得当吗，大家玩得开心吗，线上的推送内容满意吗？”为活动举办地发愁，为选题发愁，为哪些嘉宾能阐释选题发愁，为相关嘉宾的档期发愁，为能来多少观众发愁，为沙龙举办前后微信上的互动效果发愁……最重要的还得为预算发愁。Aotu Lab 最初的启动资金只有朋友资助的 20 万，各类费用开销捉襟见肘。

全新的环境，全新的挑战，与此同时，是不能停歇的脚步。赵奕的焦虑也是创业“前路迷茫”的集体焦虑。需要耐心和平静的时候，他就启动自己的“疗伤法”：在城市公园跑上 10 公里，开车时听听歌剧或者在家安静地写字。这些疗法像电熨斗一样，轮番熨烫神经，让他心情平复下来。日子就在平复焦虑、焦虑平复的震荡中过来。赵奕的努力和用心，让 AutoLab 的运行迎来积极变化，起初邀请嘉宾需要反复沟通想做什么，后来大致介绍一下，很多人就能欣然应允。起初每期会为谈什么话题而犯愁，后来总有朋友主动出主意。赞助也慢慢有了。

2014 年，对于汽车电商来说有着特别的意义。如果把 2013 年当作汽车电商的元年，电商的形态密集迭代，那么 2014 年是电商全面爆发的年代，电商完全进入了主流世界。在这样的背景下，由 AutoLab 发起举办的全球汽车电商大会应运而生。成立不到两年时间的 AutoLab，有能力组织好这么一次盛会吗？对于赵奕来说，一开始是忐忑的，甚至说是拒绝的。当时，AutoLab 的团队已经有了 9 个人，举办的线下沙龙超过了 40 场，关注公众号的粉丝达到了 40 万，在汽车新媒体的圈子里积累了不错的口碑，但举办这类全球性的千人大会，在国内属开先河，他确实心里没谱。最后让赵奕下定决心的，还是大势所趋，AutoLab 的发展方向和着力点，精准地踩到了汽车行业全球发展的节奏热点。加上地方政府鼎力支持，圈内朋友给予鼓励，赵奕决定再“勇敢”一次。他和小伙伴们利用国庆假期开始筹划，此时离大会开幕不到两个月。讨论各项选题，邀请各类嘉宾、媒体，策划票务销售等等环节，既庞大又烦琐。大会开幕的前一晚，由于嘉宾和主题环节的临时变化，赵奕将已打印好的主持稿串词进行了最后一次修改。开幕当天的凌晨三点半，赵奕找到了一家 24 小时营业的打印店，将材料交给店主后，就靠在椅子上睡着了，等店员把他叫醒，上海已迎来微亮的晨曦。

整个团队细致、专业的准备，迎来了第一届全球汽车电商的圆满成功。11月28日在上海跨国采购会展中心举办的这次大会，邀请了41位中外嘉宾，举行了4场圆桌讨论和23次主题发言，话题探讨全面覆盖了汽车电商的业态，从新车到整车到零部件，从趋势到模式到物流到支付。中外80家媒体参与了报道，其中1/4为自媒体。当晚的庆功宴会上，平时不喝酒的赵奕向AutoLab的小伙伴们一个个敬酒，早早把自己灌醉。从AutoLab成立第一刻起，赵奕就把它当成自己的孩子，如今孩子慢慢长大，但已经不是他一个人的孩子，是整个团队的孩子，也是几十万关注它成长的粉丝们的孩子。赵奕的责任更大了，如何让实验课创新，如何扩展细分领域，脚步更加不能停下来。

硅谷创投界大佬迈克尔•莫里茨有一个理论，移动互联网的1个月相当于传统产业的18个月。怎么理解这句话？就是很多产业也许花上18年时间，走完了从碎片化到少数几个品牌脱颖而出的过程，而在移动互联网时代，只需要1个月。赵奕的判断是，未来5年在汽车领域发生的事情，就是过去5年，互联网到移动互联网，模拟手机到智能手机所能发生的颠覆性改变。

赵奕更愿意去接受、拥抱和推动这些新事物。2015年年初，AutoLab在北京中关村创业大街一家书店的二楼，蹭了三个工作位，这是他们在北京最初的办公室。全民创业，万众创新，也就是2015年春天开始，赵奕感受到了政府对创业这件事的加倍重视。在上海，市委书记和市长分别来AutoLab视察过。5月7日，国务院总理李克强在北京中关村创业大街视察。同事在微信上兴奋地告诉赵奕，总理来创业大街了，正在一家家视察。赵奕的第一反应是，赶紧将AutoLab的易拉宝挪个好点的位置，争取在央视、新华社的图片中露个脸。幸运的话，争取被总理看一眼，问一句，可以沾沾喜气。

2016年4月2日，是AutoLab创立的第三年，他们交出了这样的成绩单：组织了近100场线下路演，有将近150家汽车创业企业在AutoLab的活动中，

>>> 参加 2017 年泥地越野跑

分享了自己的创新模式。这些企业遍布北京、上海、成都、广州、深圳、杭州、济南、西安，参与线下活动的人数超过了 1 万人，关注 AutoLab 的粉丝数超过了 70 万人。目前拥有了 23 个细分领域的微信群，在上海、北京两地有着 24 人的团队，并且获得了两家投资机构的 A 轮投资。大家渐渐养成习惯，就是隔上一段时间，看看又有啥嘉宾来 AutoLab 的线下活动秀一把，他们能有什么新鲜玩意？在成都、西安等地，AutoLab 的粉丝甚至自发组织了各类沙龙，和爱车的朋友们一起畅聊车生活。

成绩有目共睹，但赵奕时刻保持着清醒——在新媒体内容营销领域，无论唱衰还是看好，定位同质化、内容无原创的一大批创业者都面临着流量与收入的双重焦虑。有数据统计，超 70% 的微信公众号不到 3 年就名存实亡。

对于新的事物，赵奕有着既超然又积极的态度，不轻易下判断，克制自己的偏见，同时积极地去关注和实验。如何丰富 AutoLab 公众号旗下微信号的类型与矩阵，他一直在思考。AutoLab 在创建之初就有着清晰的差异化竞争的定位，从汽车、科技等角度切入。之后，积极布局了“每日汽车观察”等一批微信自媒体平台，目前 AutoLab 旗下自媒体微信账号，已几乎涵盖汽车全产业链，包括产经、赛车、改装、导购、旅游等领域。

2016 年 8 月 11 日，AutoLab 第 94 期沙龙在北京举行，会上公布了 AutoLab 的全新徽标，并宣布对自驾游微信账号“携程自由行”进行收购，正式更名为“自驾手册”。完成“携程自由行”这桩收购，承受了企业内外部的一些不理解，赵奕觉得，这是 AutoLab 转型的一个重要节点，为了企业长远考虑，哪怕经历阵痛也必须迈出转型这一步。在洞察到行业新动向后，赵奕敏锐判断出自立平台、向“电商 +O2O”的方向发展才是汽车电商真正的星辰大海，而在汽车领域，O2O 基因最强也最便于试水电商的便是自驾游。O2O 模式对用户体量的要求，不是一个从零做起的账号可以达到的，现有的账号布局已经基本稳定，重新花费精力培养用户就是贻误战机。买！而且必须买优质平台！赵奕这次又做了一次果敢的决定——不论是徽标的更换，还是这次意义非凡的收购，都是对 AutoLab 品牌文化、品牌理念和品牌价值观的重构。

在赵奕办公桌上，放着一个小礼物，是凹凸租车寄来的贺卡，将其打开的瞬间，一个平面的世界倏忽立体起来。人们在《三体》里面读到过的关于“降维”这等新奇的事物或现象，在现实生活中，一个小礼物让它完成了质变。当生活的维度变得立体丰富时，美好或惊喜会随之而来。赵奕愿意去接受、拥抱和推动这些充满想象力的新事物。他和 AutoLab 一直精神饱满地行走在路上，如同他在戈壁滩上 4 天 120 多公里的越野穿越，无论前方是砾石荒漠，还是浅滩绿洲。

评论 ||| 你至少攀登过

企业联盟，风投，互联网巨头……这是很多微商从来不敢想象的远方，而赵奕竟然用一次异想天开全部做到了。

这个时代的特征注定了会诞生很多很多的赵奕，他们是代表微商的另外一个人群，他们有学识，有胆识，有社会经验，更有梦想和情怀。所谓的梦想和情怀，是远方的戈壁，沙漠，高山，大海，一直通过漫无边际的荒凉道路，抵达城市的摩天楼群，和大厦顶层的浩荡大风。

我很喜欢 AutoLab 这个词，这个词里既没有产业，也没有买卖，也没有资本，除了汽车，它其实没有任何具体的指向，它意味着可以做和汽车有关的任何事情。其实我们还可以从另外一个意义上理解它，AutoLab 可以理解为自动实验，自动实验实际上就是情怀。所谓情怀，和功利无关，而有情怀的人，大脑总是在不停诞生各种千奇百怪的想法，不实验，毋宁死。大概 20 年前，我曾经在北京的一个饭局里遇到过一个这样的人，他滔滔不绝地在说，他设计出了一个网页，能把其他找不到的网页都自动跳转到他这来。那时候我们都对互联网一知半解，也不知道他这个设计有什么意义，也许仅仅是有趣而已——我们在座的都不以为然，只是暗自钦佩这个家伙霸占话题和不顾他人感受的勇气。过了很久我才知道，这个人叫周鸿祎，如今他的企业是除了 BAT［百度（Baidu）、阿里巴巴（Alibaba）、腾讯（Tencent）三家互联网公司的首字母缩写］之外最大的互联网巨头。

这样的高能人士总会带有一些天生的自大和缺陷，你不能用常规的礼仪和人生格言去理解他们。比如他们不可能像我们一样，在厨房里实现闲适人生或者做无聊的键盘侠。从这个角度来说，“你可以一辈子不登山，你心中一定要有一座山”实在是一句屁话，无论你为不登山找出什么样的理由，比如你不喜欢激烈的竞争啦，需要照顾家庭啦，舍不得放弃舒适的铁饭碗啦，爱美人不爱江山啦，你都无法摆脱人生庸庸碌碌的本质，它和你受过的教育掌握的资源完全不匹配。如果你有那些顾忌的话，那就千万不要和别人谈起山，因为那只能成为你后来人生的笑话和隐痛，这句话应该是:“如果你这辈子不打算登山，那千万别再惦记山。”

调查表明，互联网时代的杰出创新和实验完全是由精英阶层所实践的，如果你受过良好的教育，有着丰富的资源，那千万不要放弃实验的机会，因为这个时代每天都有精灵古怪的创新诞生，你根本没有机会视而不见，它们要么在激发你，要么使你感到羞愧。这是一种巨大的传染效应，就像每个人都会用微信那样，你不可能不被感染。

六年前，我曾经采访过特步的创始人丁水波，他说在特步之前，他只给别人做代工的外贸鞋。突然有一天,他被耐克的狂妄自大激怒了。他想试验一下，晋江到底能不能做自己的高端品牌，于是，特步的商标就成了现在的样子，神似耐克的商标被打了一个叉。关于国产特步和进口耐克之间的对比，这里不方便评说，但至少丁水波没有因为这个试验失败，他不能忍受给人做代工鞋低人一等的感受，就像你不能忍受高学历成为人生的反讽一样。

所幸，我们生活在这样一个开放自由的时代，互联网和微信的门槛如此之低，远远降低了试错的成本和资金的风险，这不是以全部人生做抵押的冒险。如果失败了，再来一次又如何？如果你并未登上摩天大楼的最顶层，你至少也可以和别人谈起你登过山，你曾经穿越戈壁和荒漠，你并未让心中的情怀死去。

捍卫童年

PART · 7

2016年夏天，一篇《我的妈妈是微商》的小学生作文火爆了微商界的朋友圈，这篇文章捧红了作者小熊，也让妈妈李莉重新认识了自己的孩子。

2016年夏天的时候，一篇小学生的作文火爆了微商界的朋友圈，题目是《我的妈妈是微商》，被转发阅读了两万多次。这条朋友圈的主角是九岁的小熊，在作文的配图里，他彻底投入了成人的微商世界：搬运两大纸箱的货物，帮忙吹宣传气球，在货箱上写作业，累了，睡倒在纸板上……

这是一组准确戳中了微商宝妈们泪点的图片，完全来自真实、自然的抓拍，一个普通的孩子，和她们一样，站在了堆积如山的货物之中，也站进了永无止境的推销、发货之中。这样的孩子让人心里五味杂陈，大多数宝妈投身于微商

>>> 分享妈妈的微商世界，对于小熊是一种快乐

>>> 六一儿童节，小熊和妈妈（右一）一起参加公益活动

世界，是为了捍卫好孩子的童年，然而，一旦她们投入到这个世界之后，牵扯到的往往是整个家庭，生活和事业这对矛盾体也往往因此变得更加复杂。

实际上大家对这组照片还是存在了很大的误读，这里面并没有一个贫困又无力的妈妈，也没有一个被迫要带着作业本来帮妈妈干活的孩子。真实的情况是，照片来自于主营千金净雅卫生巾的盖诺公司的一次地推活动，盖诺公司星火团队的李莉带上了这个孩子，因为这次地推活动在外地，小熊很想跟着妈妈去玩，平时他就很喜欢帮妈妈干活，他认为这些大纸箱本身就很好玩。于是，小熊就跟着妈妈玩到了新化县，他学着大人的模样，用“小蜜蜂”大声吆喝招徕顾客，给和他一样大小的孩子派发宣传气球，连搬箱子这样的活他也要抢着去干，最后还帮妈妈加上了八个微信好友……活泼可爱的小熊赢得了团队叔叔阿姨们的爱，也成了顾客眼中的“金牌推销”，大家时不时拿出手机给他拍照，最后才形成了这样一组图片。

这样的结果，让妈妈李莉始料未及，这篇朋友圈作文捧红了这个孩子，也让她重新认识了这个孩子。这个孩子，就是她生命最重要的存在，她从不强迫孩子做任何事情，也不会刻意阻止这个孩子拿她的成人世界做游戏，

>>> 和妈妈在一起参加公益活动，很温暖

在她看来，那是一种母子之爱的升华，他能投入到她的世界，就像她能为他投入整个生命一样，彼此融合，等他长大时，必能读懂当初这组照片之中蕴含的爱意和艰辛。

关于儿童和成人世界的关联，儿童世界的成人化标准，儿童的成人化环境究竟是好是坏，这些问题在教育界一直充满着争论，并没有一个一刀切的标准。18 世纪法国启蒙思想家、哲学家和教育家卢梭在《爱弥儿——论教育》中谈到，儿童是独立于成人的个体，有自己的尊严和权利。儿童期是个体生命发展的重要时期，其重要意义不仅仅是成人生活的预备。儿童的现在和将来是一个连续发展的过程，儿童应该享受大自然赋予的童年生活，只有经过这样的阶段，儿童的身心健康发展才有可能。教育不应为儿童未来牺牲儿童的现在，而应该重视儿童的现在。20 世纪美国教育家杜威也主张要从儿童现在的角度，而不是从儿童未来的角度来考虑童年生活。杜威充分肯定了童年生活的价值，他指出家长应该"尊重未成熟状态"。

因此，我们仍然庆幸李莉是一个开放的好妈妈，她完全是自然地让孩子把微商世界当成了游戏，这总能让这个世界少一点抱怨，多一点甜蜜。她并没有

>>> 小小男子汉

找出“影响作业”“丢人现眼”这样粗暴又神经质的借口去阻止小熊，参加这样的活动无疑能让小熊在动手方面和心理素质方面得到锻炼，这是课堂上完全学习不到的东西，同时也给了小熊自主参与的尊严。在这样一个飞速前进的世界中，费尽心机完全隔绝环境对孩子的影响，几乎是不可能完成的任务，在无数“温室教育”“分数教育”的失败案例面前，往往是更早参加社会实践的孩子，更能适应生活带来的各种变化。

目前国际社会基本认同的童年概念包括：第一，我们必须将儿童当“人”看，必须承认儿童具有与成人一样的独立人格；第二，我们必须将儿童当“儿童”看，承认并尊重童年生活的独立价值，而不能仅仅将它看作是成人的预备；第三，儿童在成长阶段，应当为其提供与之身心发展相适应的生活，儿童个人权利、尊严应当受到社会保护。

从这个角度出发，各种不同条件的家长，给予孩子不同的教育方式都是无可厚非的，当李莉以自己的微商事业作为捍卫孩子的盾牌的时候，她也能够欣喜地看到孩子对这个世界产生的好奇心。当她以前还在开一个小服装店的时候，

>>> 陪小熊过七岁生日，快乐而温馨

小熊就已经会模仿她，要求进店的顾客扫一扫妈妈的二维码，他和很多顾客都成了朋友，也懂得了快乐来自分享。现在李莉的微商事业已经获得了初步的成功，这种成功带来的直接快乐就是，小熊醒来一睁开眼睛，发现自己又多了一双新鞋！

小熊自己也注册过一个微信号，只简单地发过几条，里面大部分是和妈妈的互动，比如“我给妈妈煮面”“今天洗自己的袜子”，从这些简单的自鸣得意中，我们可以看到他确实在把独立实践当成最大的快乐。里面也有他这个年龄特有的搞怪——“今天拔牙了，非常开心，为什么？因为今天只拔了一半，明天还可以继续拔。”不过因为怕影响学习，小熊的手机没玩几天就被爸爸没收了。

《我的妈妈是微商》这条朋友圈的最后一张图，是小熊幸福地坐在生日蛋糕前，这是妈妈在 2017 年七夕节这天给他定制的榴梿生日蛋糕。所以，亲爱的宝妈们，如果你做的是一份光荣的微商事业，那就请你的孩子一起来分享你的光荣。

链接 ||| 我的妈妈是微商

妈妈喜欢叫我小熊，因为我有很大的力气。本来我的力气很小，就是因为妈妈是微商，我得帮她搬货送货，所以我成了大力士。

我的妈妈不用上班，她可以天天陪着我，陪我去学游泳，陪我去学跆拳道，陪我去学英语兴趣班。但是她也时时陪着她的手机，妈妈说手机就是她挣钱的工具，没有手机就没有办法挣钱、给我更好的生活。妈妈很辛苦，从来没有见过她早早地睡觉，一直忙到很晚，那个时候的我估计早就进入梦乡了。平日里，我会帮妈妈干活，洗碗，扫地，晒衣服，最开心的就是帮妈妈送货，和妈妈一起出去做活动。我是一个很胆大的孩子，很感谢妈妈对我的影响，在地推活动中我能很积极地去给美女阿姨们送试用装——阿姨，我妈妈是做千金净雅的微商，你扫二维码，就可以送体验装给你。我曾经帮妈妈加了几个好友，有两个成了我妈妈的代理，我是不是很棒呀！

霹雳春风

PART · 8

90 后的雷小兰有出色的口才，有渊博的知识和果敢的行动力，但真正的成功，来自于一种用生命做微商的投入，还有做人、育人，如今，她是一个十万人团队的杰出领袖。

听雷小兰上培训课是一件很好玩的事情，她思维语速都很快，有汪涵的智慧大气，孟非的幽默调度，华少的霹雳语速。没有去听过的人，绝难想象微商里居然有这等人物，她一分钟能说五百个字，中间绝无停顿和“嗯啊，啊啊”之类语气词，并且她的语言和思维极度协调，根本看不出她边说边在想什么。

这一堂课来的都是未婚男青年，基本都是初出茅庐的大学生，小兰只有26岁，比他们大不了多少，于是这个漂亮的小导师也成了学生们调侃的对象，各种使坏层出不穷。不管什么提问，都被小兰的滔滔不绝飞快回复了。

有一个男生说他在追一个女孩，都送了一万多块钱东西了，觉得自己挺有戏的，感觉到那个女生不讨厌他，情人节的时候他还乘机强吻了，他的疑惑是：“对方是不是女老司机？”

小兰说：“你送的礼物还不够多，送到足够多的时候，她会自己来解答这个问题，她也许会对你说一声，对不起，我们不合适！”

全场哄堂大笑。

小兰又很镇定地解释说：“从你的打扮习惯，她可以轻易看出你究竟有什么实力，如果你豁出去倾家荡产，她也许会考虑腾出个把月和你在一起，最后还是会离开你的，因为你是备胎二号！”

>>> 男生们都享受雷小兰的讲座

认识小兰的人都会好奇她这种天赋异禀从何而来，她归结于自己一定要出人头地的精神。从湖南农业大学毕业以后，她去了一家私企做财务，工资竟然只有 1500 块钱一个月。其实得到一个这么差的工作也是很不容易的，她的成绩在全系数一数二，是干部，也是学校各种活动的活跃分子，挨到快毕业的时候，学校里搞校园招聘，用的是“非你莫属”的节目形式，她才得到了一份这样的工作。

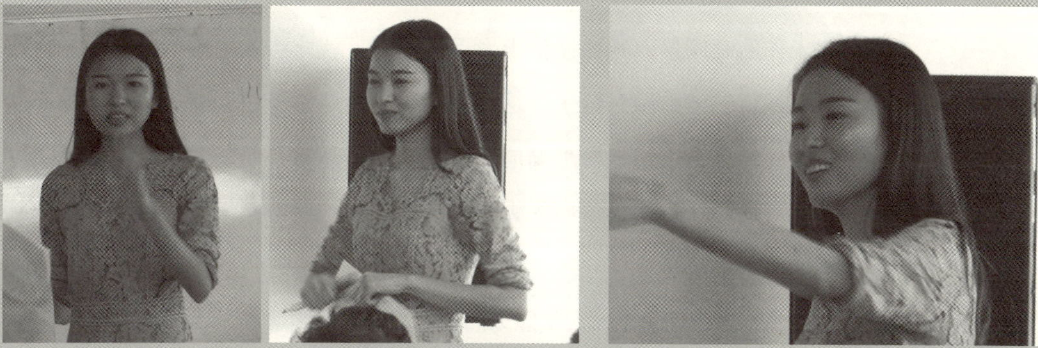

>>> 雷小兰有着专业级的表达能力

工资低是一方面，1500 块钱在长沙根本无法养活自己，关键是她根本不想做财务，她根据自己的能力得出来的结论是：自己一定能做好销售！上大学的时候她就不停地练摊，长沙市各个地摊据点都留下过她的足迹。上班以后她也是一样的辛苦，公司前辈以锻炼之名对新人的种种折磨欺负都得忍，为了活下去，又得重新开始练摊。她感觉到这种磨炼和受罪也许对自己毫无价值。

于是小兰辞了职，租了间地下室，开始了自己的求职生涯，那是她最苦的一段时间。为了省点饭钱，她买一袋面包就是三顿饭，这段时间她是在和时间赛跑，也是在和金钱赛跑，如果不能及时找到工作，也许就得找人求助了。造化弄人，她越急越找不到，她想不通，自己这么优秀，为什么老天就不长眼呢。最绝望的时候，她经常深夜跑到街上，扶着围栏痛哭，边哭边把心中的愤懑发泄出来，等到哭够了，哭不动了，又回地下室去思考该怎么办。

找工作的时间里，她在微信上发现了思埠，就此跨入了微商的门槛。三个月之后，她就已经能赚到钱了。这个行当就像为她量身定制的一样，她如今掌管着整个思埠体系中销售额最高的一个团队，还是整个集团的王牌培训师。

当面对这样一群初出茅庐的大学生的时候，她经常不等别人说话，就能猜到他们的困惑在哪里。

她的基本工作理念是，人是能力的动物，对能力的培养，一定要优先于挣钱。财富很快可以被别人超越，但能力是不会的。她针对不同类型的人群，开发各种不同类型的培训和辅导，宝妈是一种，大学生是一种，职业女性是一种——每种人又包括各种不同的能力，沟通的能力、情感的能力、自信的培养、销售的技巧、自我修正的能力、社会的认知度……能够把个人能力提高到如此的高度，把培训辅导细化到如此的程度，是思埠成功的秘诀之一，连穿衣打扮、社交礼仪都有培训。

比如这堂给未婚男青年上的课，主题是情感，表面看起来和销售面膜之类毫无关联，其实内中深有玄机。如果你不懂女朋友，那就更加不懂女人，不懂女人，你怎么能卖出面膜？

从 2014 年 9 月来到广州思埠总部工作至今，雷小兰已经孵化出 150 个优秀的销售团队和销售公司了，她亲自带领的，则是思埠最优秀的团队。一个年轻的女孩如此超能，如此高效？小兰自评道：“我是用生命在教学，用生命来打造团队，他们是用生命在销售、在工作，怎么可能不成功？”

她很不齿于只会不停推销、不停刷朋友圈的微商，人是有血有肉有能力有情感的，每个人的内心都是有这些需求的，怎么可能是刷朋友圈的机器呢？微信和朋友圈只是一个工具而已，总不能把人也变成工具吧？她认定了只有这一条路，只有把自己的能力传递给他人，才是真正的成功，才会产生一系列的链式反应，比如一个人学会像她这样演讲了，就会吸引另外一大群人来听课，这另外一大群人又会拉动更多人……在这个过程中，每个人都得到了独立和完善，效果最后会体现到业绩上面来。雷小兰把一个十万人的团队管理得井井有条，靠的就是这种能力培养和复制。

刚刚来到思埠总部的时候，雷小兰的这个团队是整个思埠业绩最差的，像这种情况下去，很容易走进一个死循环，就是业绩越差，别人越不想加进来，越没有人想加进来，业绩就越差……从这种死循环里爬出来是一个异常痛苦的过程，就像职业选手那样，水平越低，就越没有高手来理睬，越没有高手理睬，水平就会越低……这种情况很容易令人心灰意冷，长时间下去就会绝望，乃至自暴自弃。雷小兰想，我们和业绩靠前的团队相差实在太远了，如果时时刻刻和他们去比，会越发感觉到无望，那我们干脆就和所有的团队去比好了，灭掉领先的，总比灭掉一个冠军容易，这就是积跬步以致千里，积小胜为大胜。她想起从第一次卖出五盒面膜到月入过万，那个过程也同样需要耐心。于是，她让自己团队的每个人在办公桌上贴了几张纸，上面写着所有业绩比自己好的团队的名字，每天都要拿来对比，比下去一个，就划去一个名字，让这些纸张上的名字越来越少。这个过程虽然只有一年，但这一年的每一天他们都在爬楼梯，每一天都在和同伴竞争，雷小兰从不知道广州最热闹的地方在哪里，上下九是怎样的繁华，海珠桥夜色是怎样迷人，日历上的每天都是一模一样的，每一天都要工作上 16 个小时。中间也有过很多的辛酸，所幸，思埠的这种内部竞争还是比较单纯的，她没有遇到过什么盘外招，直到他们成为整个集团的业绩第一名，并牢牢地卡住了身位，不让对手超越。

一个强大的团队，是能力，也是情感，小兰说团队的稳定性并不是靠一个个严厉的框架框起来的，而是前途和情感。大学毕业后第一次工作的经历，让她对公司的氛围特别敏感，在不在一个公司里上班不一定是为了五千块钱，更多的是愿不愿意在这家公司上班，这家公司上班舒不舒服，开不开心。有人说这是打情感牌，打情感牌嘘寒问暖是最容易的，但像思埠这样把他人的生活当成自己的生活，像吴召国最强调的“爱人如己”就非常难得。外人来到思埠大厦都会感到一种震撼，这是一种什么样的氛围啊，每一层楼的夜晚都灯火通明，很多人都把家安到了这里，思埠给经销商们提供六块钱一顿的伙食、非常廉价的微乐大厦住宿、丰富多彩的娱乐活动、节假日对家人的慰问、公益行动、带上家人的旅行，无数人通宵达旦在这里用电脑和手机微信同时工作，雷小兰这样的中高层也是通宵达旦地陪着，随时进行指导，解决从生活到业务上的各种问题。如果没有这样从时间到精神上的彻底投入，说什么爱人如己？

怎么打情感牌最为准确？那就是一定得在一起，知道彼此生活的痛点、泪点和笑点，分享这些痛点、泪点和笑点。雷小兰说，来思埠大厦工作的，很多都是宝妈。很多宝妈在家里都是缺乏地位和安全感的，大部分男人认为是自己在养家，所以宝妈们就必须承担其他的所有责任，很多受气的宝妈，都希望能通过挣钱来提高自己的地位。很多人甚至带着孩子在思埠工作，大厦里有很多孩子在打闹嬉戏，这可能是中国唯一欢迎孩子在此游玩的写字楼。

很多人对微商行业有误解，甚至将其他行业的弊病抓来安在微商行业上，那是因为他们并不了解思埠这样的行业老大，同时也是示范标本，像这样认真做产品做销售的企业和其他的优秀企业并没有两样，只是销售的工具、销售的手段不同而已。

雷小兰说她之所以留在思埠是因为看到了远大前程，这家公司在产品开发升级方面的专业、细致和投入，要远远超出大多数护肤品企业。尽管护肤品行业非常复杂，竞争也异常惨烈，但优秀的产品绝对是企业生存发展的基础，他们按照国家标准严格使用原材料，绝对不会使用短期见效长期却有害的激素类物质。如果使用这些物质，短期内也许会达到神奇的效果和销量，但有哪个老板能在这样嗜血的利润中安坐至今呢？又有哪个员工能在这样的黑幕中看到远大前程呢？雷小兰说："说实在话，我不在乎挣多少钱，但是我觉得晚上要睡得着觉，要挣的每一分钱都是良心钱！"

这世界上最重要的，仍然是人。无论是产品还是金钱，它们起到最重要的作用还是促进人与人之间的沟通、交融。

小胜靠智，大胜靠德。

在电商野蛮生长的年代，在崇尚快钱速胜的年代，很多人似乎都忘记了，以前的中国传统文化里只有人，与人的美德相关的一切才具备价值，那时候没有人崇拜坚船利炮的魔力，没有人崇拜金钱和产品的魔力。因此微商所倡导的慈孝仁爱、修己渡人、诚信知报、勇毅力行等等传统美德，很容易被误读为用来美化企业的企业文化。

其实不是的，这些我们耳熟能详的美德，在这里是他们育人的命脉，是销售的命脉，是利润的命脉，是企业生存的命脉。没懂这个命脉的微商，没运用这个命脉的微商，很快挣钱，也很快消失，抛弃无数投诉无门的代理。只有懂得这命脉的微商，运用好这个命脉的微商，在为一个初生的行业正名立碑。关于雷小兰和思埠的故事，我不能再写更多的细节，因为这是一本在整个行业里寻找人生价值的书，并非去具体描绘某一个企业。如果你对思埠关于人的理念感兴趣的话，相信你身边已经有很多在做思埠的朋友，你会轻易地知道很多故事。

评论 ||| 要么探寻，要么死亡

在互联网创造出种种革命性商业模式的狂欢中，我们总是津津乐道于其中的创新、便利、廉价、共享等特征……因为这些革命性商业模式是如此之新颖，当我们还来不及思考其他，它们就已经身处要么升级，要么死亡的境地。

但它仍然摆脱不了人类经济活动的很多基本原则，这些原则是人与人之间的沟通、公平、诚信、自由、开放、分享、幸福、进步……如果漠视这些原则，再伟大的商业模式，也只能成为戕害人类的机器。就像亚当·斯密所说的，一种商业模式在一个陌生的地方开始推广，首先是价值观的推广，而不是市场的推广，只有当地人民承认了这里面价值观的合理性，这种模式才有机会得到成功。

而在互联网的狂欢年代，这个理论却令人困惑起来。在我写作这本书的时候，百度事件刚刚过去，山东学生被电信诈骗犯夺走生命。令我震撼的是这一切竟然不是个案，包含着杀人犯那样的邪恶价值观的经济模式居然可以如此横行无忌。假的还是真的，对的还是错的，好的还是坏的……而关于电信诈骗的报道更令我震撼，很多地方的电信诈骗都成了大产业，一方乡土，都以诈骗不到为耻，以诈骗发财为荣，我深深记住了一个一闪而过的画面：一家骗子公司上百名员工和高层集体被捕，他们从写字楼里被带出来，一个个衣着体面，身上贴满了都市人特有的时尚、持重、内涵、自信等标签，根本不能和骗子画上等号。这个画面令我非常痛苦，他们不知道自己在干什么吗？这么多人能同时奉行诈骗光荣的价值观，让我感觉到了一种巨大的恐惧，哪怕有一个员工懂得诈骗是背德，诈骗是违法，他去举报了，也不会有那么多人受害。但是没有，真的，一个人都没有！

这是一种另类的“沉默的大多数”，比起在被欺凌时保持沉默的大多数，这样的大多数更加令人感到绝望。

我不知道这个时代还有多少这样的邪恶经济、恶名市场存在，我只能努力多读一些书，试图解答他们之所以存在的理由，并从中努力看到美好的未来。

如今的互联网经济说是狂欢，不如说是诸侯割据，彼此混战，模式内部企业的混战，模式和模式之间的混战。就像我要买一辆高档自行车，可以去实体店买，去传统电商那买，去厂家直销那里买，去拍卖市场买，去朋友圈那里买……在一个商业模式不断转型的年代，旧制度和和谐不停被破坏，而新的模式又无法统治天下的时候，最容易出现背德乱纲的局面，恶人们既不受旧模式的控制（法律的修订跟不上变化），也不会受新模式的惩罚，并且在这样的时刻，不道德的行为，往往会比道德产生更大的收益，我们仅仅是因为心理上的惯性进行抵制，所谓的正直和良心，会在短期内激烈地进行抵抗，长期下去，却会不自觉地接受一些新的规矩。比如使用百度，我会非常警惕排在前几名的内容，拒绝标注着“推广”字样的结果，不再追究里面的道德与否，因为我已经习惯了，但我不可能不用百度。

问题在于，每当我习惯了一些普遍不道德的存在，又会有更多、更令人震惊的不道德，层出不穷地冒出来，我总是处在无可言状的愤怒中。就像我小时候看过的一本书——《东周列国志》，里面竟然有那么多的国家，那么多混战，子杀父，兄伤弟，万人坑，千里焦土，在必须绞杀对方的时候，谁还顾得上什么道德？

因此，孔子那一声回响在亘古之中的永恒呼喊，令我们世代为之震颤——“礼失，求诸野”。

他是以一种近乎悲壮的心态，在颠沛流离中为一个民族寻找人伦纲常，宗法帝制，乃至盐铁行规，礼乐诗歌。关于这种寻找的伟大和传承，本书无须多言。

因此我特别钦佩能够在生意中继续探寻道德的企业和企业家，尤其是在互联网时代崛起的企业，当他们发现自己天生处于制度的真空、道德的盲点之后，他们并不是欣喜若狂，并不是以为自己真的处在一个快挣钱快脱身的时代，而是真心感觉到内心深处的忧虑，和对未来的迷茫。

这种深处的忧虑，会促使他们做一些探寻和努力，为自己的企业，为新的商业模式，为我们的未来生活，建立起远比金钱更可靠的东西。

PART · 9

仙草帝国

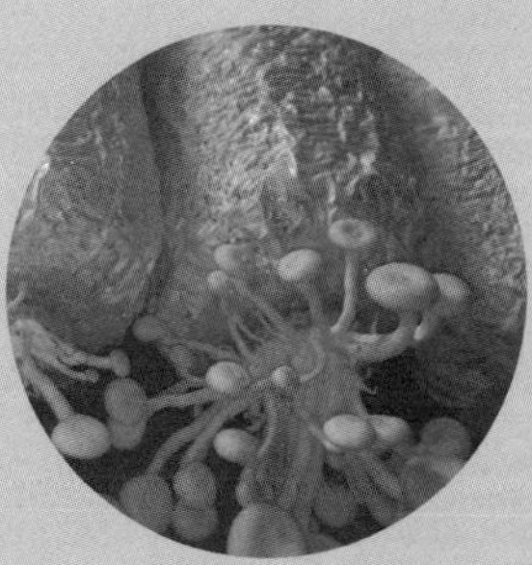

一个农民在 46 岁的时候，突然红了。他用自己的领地加上微信，创造了仙草帝国。

一个普通的农民，活到46岁的时候，突然红了。

半年时间，宋佳伟因为种灵芝，先是在微信上蹿红，后来又上了三次报纸、两次电视。他也很忙，一个多小时的采访间隙，接了6通电话，对方分别是农业大学教授、湖北随州科协的技术员、外地的香菇种植大户、购买灵芝的朋友和镇上的党委书记。

每次接完电话，这位创业明星都要表达一下歉意："事重要，不接不行啊。"如今，宋佳伟是拥有近百亩菌类种植地、资产上千万的企业家，用时髦点的话讲，他是个农场主，在他的领地里，他就是王。

宋佳伟的农场位于长沙县高桥镇高桥村省道207旁，12个垂着黑色遮光帘的种植大棚，像特制的巧克力盒，整齐地镶嵌在金黄色的稻田中间。靠近马路一侧，是两个白色铁皮包起来的生产车间，外墙上"中国食用菌之乡"几个红色大字十分打眼。金井河、桥里河呈"T"字形，从农场两旁穿过，水面宽阔的白鹭湖等水库如明珠撒落在群山之中，这里距黄花国际机场仅30公里。

就是这样一块风水宝地，宋佳伟的祖辈在此世代务农，靠土地生，靠土地活。宋家有四兄弟，宋佳伟是老幺。分家前，家中有4亩半地。农忙时，宋佳伟和

>>> 宋佳伟的公司外景

哥哥们一起帮父母拉牛犁田、插秧、割禾、打稻。到了秋天丰收的季节，明晃晃的阳光下，四兄弟在田地里捉泥鳅、追逐打闹，实在累了，躺下来肆意打个滚，任凭父母的呵斥声在田埂上飘荡。泥土味夹杂着汗味，还有镰刀划过禾根散发的清香——父母离世后，他多次梦到这些场景。

家、家人与土地牢牢捆绑在一起，如果用今天世俗的眼光来看，作为农村人，宋佳伟成功的模式具有“非典型性”——他不属于靠读书考学飞出山窝窝的金凤凰，他也不是外出打工闯出一片天地后荣归故里的“新城市人”，他默默地坚守着这片土地，直到有所作为。

对于微信这种现代沟通方式，农民从来不和城里人一样，能够肆意处于任何位置。城里人会把自己看成网络中一个固定的站点，但在空间上，能够移动得越随意越好；但农民是相反的，他们本能地把空间上的移动看成了不得的大事，微信无非是一个全新的定位仪，无论周边的大环境是如何喧哗和骚动，他们总是本能地回头看，看看自己是不是还在原先的位置。

1988 年，如同大多数农村的孩子，高中毕业的宋佳伟没有挤上通往大学的独木桥。彼时，中国社会廉价劳动力成为最大的资本，大量的产业涌入率先

>>> 宋佳伟是仙草帝国的“国王”

开放的沿海地区。中国数千年的农耕传统与生活方式遇到了前所未有的冲击与改变。高桥村的大部分青壮年——宋佳伟的许多亲人、伙伴都先行一步，跳入机会与诱惑并存的南方打工潮中游弋。

也是从那个年代开始，乡村社会的外观、内里都处于巨大的嬗变之中，一些土地慢慢被搁置甚至荒芜起来，村里留下的大部分是老人和儿童，了无生气。宋佳伟的家也在这股巨大的洪流中摇摆飘荡，选择着命运和方向。

三个哥哥开始成家立业。老大在镇上的集体茶厂工作，改制以后，自己搞了一个小作坊，用物理压榨制作纯天然的茶籽油、菜籽油，主要给乡亲们加工，赚点加工费，少部分出售，一年可以打两三百担茶籽。靠榨油，老大维持着生计，日子算过得安稳。二哥到外地当了四年兵，转业后没有好的就业渠道，只能憋屈地回家务农。老三有门打铁的手艺，刀具、锅灶、钳子、铲子……样样精通，作坊的生意在村子里一度风生水起。不过这门手艺渐渐不吃香了，老三近几年去了浏阳的工地，专门承包食堂。

在四兄弟中学历最高的宋佳伟，也许注定了要过一种不一样的生活。他选择了留下，在镇上一个机械加工厂当学徒。留下来，原因大概有两个：第一，两个哥哥都做手艺活，学一门技术，才是一辈子吃饭的硬本事。第二，高桥镇靠近省城，茶叶、蔬菜等种植业以及相关的机械厂具备了一定规模，从这里起步，未来会有机会。

高中毕业两年后，宋佳伟在当地一家做压面机配件的工厂做车工。6 年后，靠着勤奋和悟性，26 岁的他成为长沙县华东铸造厂最年轻的冷车间主任。除了管理五六个工人，做技术指导，他还开始带学徒。华东铸造厂主要是做沼气灶和摇水泵，都是周边农户需求量高的日常生活器具。

机械厂用的是粗放型的加工方式，百平方米的厂房，一个模具车间，一个成品车间，二十几名工人。整天听着“哐当、哐当”的铁器敲击声，闻着铁水散发出的酸涩金属味道，宋佳伟的这段日子就和机械运转一样重复、单调。6 年时间，他的工资从一个月 50 元涨到了 400 元，但与那些在外地打工的同学相比，心理落差不小。留下来的选择错了吗？宋佳伟也有过迷惘和离开的冲动。但李惠君的出现，让他躁动的心安定了下来。

>>> 他把仙草帝国管理得有条不紊

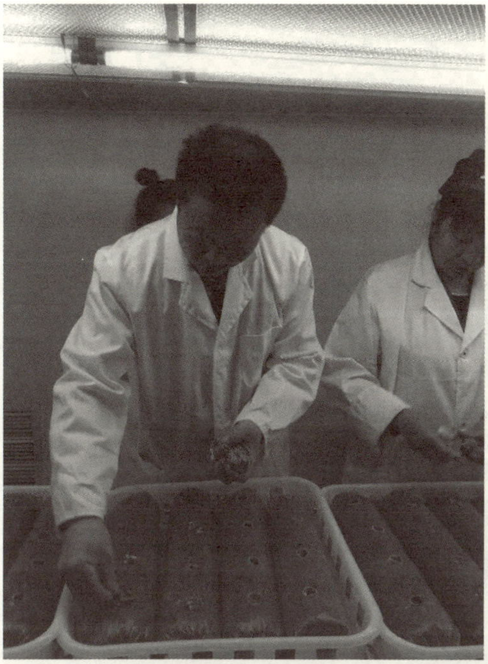

>>> 宋佳伟对农业有非凡的创造力

>>> 庞大的种植规模，象征这个帝国的实力

李惠君与宋佳伟邻村，两家距离不到两公里。那个年代，农村青年的爱情模式整齐划一，到了 20 岁左右，就会有媒婆上门说亲。男女双方若门当户对，彼此还基本看得上眼，就开始准备彩礼操办婚事了。宋佳伟很庆幸自己在那个苦闷的时期遇到了自己的爱人，并且是用“自由”恋爱的浪漫方式，这对当时大部分外出打工的农村青年男女来说，是不敢想象的奢侈。

宋佳伟所说的浪漫，就是他们相识在露天电影院。20 世纪 90 年代初，位于镇上的省茶叶研究所每晚播放露天电影，这里成了周边乡亲们晚上打发时间的好去处。上百人或步行或骑车，在晚上 7 点前赶到院子里，围坐成一个大大的圈。在一个人声鼎沸、瓜皮横飞的夏夜，宋佳伟第一次看到李惠君，屏幕上放着日本老电影《望乡》，影片的情节他记不太清了，但他记住了坐在身边的这个女孩，一如电影主角栗原小卷般纯美。之后，他们口头约定，每周在电影院碰面一到两次。等到 10 点散场，喝着汽水，看看头顶的星星，他骑车送她回家。

两人在 1995 年结婚，进入华东机械厂后，李惠君也随着丈夫在厂子里做点零工，刷刷油漆，搞点组装。两个孩子的诞生，让之前波澜不惊的生活有了更多的甜蜜欢笑，压力也随之而来。宋佳伟开始思考，自己有技术、有客户，为何不单干？在妻子的支持下，他下定决心创业，在 2008 年成立了长沙高桥镇佳惠机械厂，“佳”和“惠”，分别是两人名字中的一个字。

创业之路绝非一帆风顺，十几万的车工设备费就让宋佳伟头疼，并不宽裕的家人听说他要创业，都是有多少借多少——这种基于宗亲乡邻基础的信任，是他们甘愿固守的理由之一。他们相信，老幺做的事踏实、靠谱。厂子搞起来，宋佳伟把客户和技术带过来了，并且还琢磨着发明点新东西，让企业更有活力，至少要超过工作了 12 年的华东机械厂。高桥镇和附近的金井镇都是茶叶之乡，妻子家也有茶园，每次制作茶叶成品的过程中，妻子和家人要用手搓，用脚踩，十分辛苦。宋佳伟看在眼里，想在心里：如果研制出一个能够揉茶、搓茶的机器，应该有市场。经过半年的研发和试验，他成功研制出了手工、电动的两种揉茶机，之后又经过改良，把皮带动力改为齿轮，机器体积更小，效果更好。只有农民，只有熟悉农业的人，才会有这样的奇思妙想，这是他通往灵芝帝国的革命之路。

揉茶机的发明，让厂子有了竞争力，长望浏宁地区之外，益阳、湘阴、株洲等地也开始有了客户。为了推销新产品，宋佳伟骑着一部破旧摩托，印了几盒名片，隔三岔五地在周边走街串巷递送名片，介绍产品。运气青睐有心人，出去一趟，他都能接到不少咨询电话。企业规模也从最初的三四人扩大到了二十几人，每年的产值过百万。

农家子弟中，那些拥有知识、技术和胆识的总是能获得更好的发展。宋佳伟从事的机械行业，虽然与农民生产生活息息相关，但他十分清楚，这种小作坊式的制造产业，在市场和行业前景上没有太大的发展空间。在他的心里，其实一直隐秘地藏着一颗种子，在寻找着机会萌芽、迸发。

宋佳伟注意到，最近十年，国家开始不停地反哺农村，从取消农业税、新型农村合作医疗、农村义务教育全免到村村通工程、家电下乡补贴、新农村建设……2013年中央一号文件提出，鼓励和支持承包土地向专业大户、家庭农场、农民合作社流转。“家庭农场”这个充满着浪漫美好气息的词语，迅速流行开来，高桥村的各类型农场也雨后春笋般冒了出来。

2013年上半年，宋佳伟经过一个大棚地时，看到了土地承包转让的广告。这里以前种火龙果，搭了80多个小棚子，因为管理不善等原因，老板想退出。在咨询了几个懂行的朋友并有人愿意合伙后，他卖掉经营了5年的机械厂，来干食用菌种植。将奋斗了20年的身家全部砸入一个自己并不熟悉的行当，宋佳伟的决定看上去有些鲁莽。其实，在抉择之前，宋佳伟做了很多功课，首先他没离开过这片土地，对农产品行业的前景一直有关注，他了解到食用菌的市场需求量极大，单长沙地区就供不应求，70%的货要从外地引进；其次，政策东风的呵护下好办事，当地各级政府的政策倾斜以及相关的学习培训活动不少。对于劝他的那些朋友，宋佳伟就是一句话回应：“不懂不能学吗？”

公司在2013年7月成立，2014年开始种植。第一年没经验，哪里的品种好就从哪里引进，首先种的是香菇。香菇生产与水分、营养、温度、空气、光线、PH值等因子有关，是一门专业的技术活。宋佳伟一边创业，一边充电。他加入了由长沙市农委组织创办的市农业创业者联合会，他还到全国的香菇之乡湖北随州考察，邀请当地科协的专家过来考察交流，并聘请他们当技术员。

企业首年的销售就迎来开门红，收入200多万元，2015年达到了402万元，销售额翻了一倍。企业2015年有了出口资质，货品出口到了香港等地。2015年年底，宋佳伟花了300多万元，从福建引进了最新的制包、灭菌、结种设备，在新设备下，菌包的存活率达到95%，超过了传统方法10个百分点。

如同在机械厂当老板一样，宋佳伟的农场也一直在开发新品种，提高竞争力和可持续发展的空间。一次偶然的机会，他在网上看到有人通过种灵芝盆景带来了可观的效益，湖南地区种香菇的不少，但几乎没有人种植灵芝。灵芝自古以来都被视为吉祥长寿的象征，享有“仙草”美誉，如意的形状，有着很好的寓意。

说干就干！宋佳伟开始为灵芝做孢子，当初只是想把人家的技术照搬过来进行种植管理，但真一种上问题就都来了。灵芝接菌种植这个环节十分重要，原材料要经过30个小时的高温灭菌，在无杂菌的情况下进行接种，正常生长后的菌丝是白色的，但接种十多天后，他发现一些菌丝颜色出现了差异。此时，宋佳伟想到了湖南农大专家刘云，两人是在长沙市农业创业者联合会的同一批学员。他向刘云一打听，原来是种灵芝的木头没有消毒干净，一名工人违反了操作规定带入了杂菌导致出现了感染，第一拨的种苗全都浪费了，只能采取补救的措施，把没有发枝的椴木全部起出来，重新灭菌，重新点种。

尽管有波折，在刘云后来的悉心指导下，首批9200个菌包还是培育出了

120 多盆灵芝盆景。为了让灵芝与装饰物完美匹配，宋佳伟在灵芝生长初期，就把各种工艺品放进花盆，让灵芝与盆中景物相互造势，让其长成后形成浑然一体的高品质盆景。一棵观赏灵芝盆景是几棵到十几棵灵芝嫁接在一起的，宋佳伟将每盆的售价定在 280 ～ 480 元，通过微信朋友圈进行销售，没想到咨询和购买的络绎不绝。

“微信 + 农业”，这仍然是微商中的一片蓝海，因为农产品有无与伦比的丰富性和地域性，没有哪家公司可以坐大称王，宋佳伟凭着一个农民对植物热爱的本能，杀入了这片蓝海之中。

宋佳伟介绍，除了人们常见的药用价值，灵芝的观赏价值和收藏价值也非常高，将灵芝摆放在室内能不断释放有益成分，有利于身体健康，而且灵芝可以永久地保持它的形态和色彩，富贵而精致，迎合了人们追求如意吉祥的美好愿望。第一批灵芝盆景，一个月就卖得只剩下 5 株，他把这些宝贝留了下来，放在大棚供观赏。

谈到农场与机械加工行业的区别，宋佳伟的意气风发在脸上浮现：“责任更大了，能带动更多的农户致富。以前那个厂再怎么搞，就是那个规模，不能复制，现在的行业可以复制，每家都可以搞。农户集中做包，分散种植，集中销售。一亩地可以种一万包，6 万到 7 万的产值。现在能够有 100 多人一起工作，2016 年一年就开了 80 多万的工资。”

这个时候，你才会对他和他做的这件事有个整体的认识：他是体力劳动者，也是创业者；他是农民，也是雇主；他做的是农活，更是产业。最让宋佳伟自豪的，还是自己在儿女心目中的印象：爸爸能做这么大的产业，同学们都羡慕！他是个偶像呢！

对于未来，宋佳伟的野心可不小，他会把重心放在灵芝“仙草”的种植上，逐步承包更多的流转土地，打造当地数一数二的农场帝国。最近他打算把在湖北学到的经验用上来，把大棚子里的架子搭高，一层最多可以改成六层，这样一亩地可以变成六亩地，极大地提高产量。2017 年还要种植一万个灵芝菌苞制成盆景，尝试各类活体嫁接，设计出更多的盆景造型。

很重要的是，朋友圈还有上千的乡邻朋友，会帮他转发。

距离农场一公里左右的地方，有一座紫竹山，山上有一间唐朝古庙荷塘寺，前湖波光粼粼，荷塘暗香浮动，留有一块清乾隆三十五年（1770 年）庚寅岁孟夏月刊建的青石塔志碑。据传这是一座很灵验的文庙，多年香火不断，村民每年祭拜求福，高桥村每年考上名牌大学的学生还真不少。世事轮转，鱼跃龙门、金榜题名，在宋佳伟看来，如果非要离开土地，这才是最好的方式，这个梦想，很多后辈都已经实现。

荷塘寺客堂有联："人生若梦谁非寄；到处能安即是家。"留下来，或者走出去，山河故人，沧海桑田，一株株盛放的灵芝仙草都饱含着命运，和一个人、一片土地、一种财富模式的涅槃。

评论 ||| 领地的艺术

2017年参加单位组织的春游，地点照例是离城市不近不远的乡下。大巴开了一个小时之后，我跟周围的人都有点昏昏欲睡了，那种葱绿夹着鹅黄的大片田野，偶尔加上池塘和白鹭作为点缀，在绵延了上百公里之后，终于成为千篇一律的景致，和午后动人的催眠曲。

但在一片丘陵的背后，田野似乎有了变化。随着巴士的飞驰，我从睡意朦胧中清醒了过来，看清了那一片的不一样，原来那是一颗巨大的心形，左右两边，各有一只蝴蝶，由割倒的稻草堆出来的，每个图案都有半亩大小。显然，这个农民艺术家希望上空经过的飞机可以看见它，这里正好处于向北的航道之中，也希望这条省级公路边的游客可以看见它，也许他还开了一个农庄之类的。

这个大地上的杰作让巴士没过几秒就沸腾起来，在喧哗之中，这件艺术品反而让我灵魂出窍了，我瞬间非常羡慕他：农民缺乏选择地点的权利，他的地理观念从出生就得到了确认，村子不是世界的边缘，而是世界的中心，这是一个天真的经验。地点的固定带来文化的固定，由此才诞生了可以传承的故事和艺术，以往这些故事往往是沉重的，绝难看到现在这样的浪漫气息。但这一瞬的感觉截然不同，我发现农民如果愿意为生活加上点艺术的话，他能比任何城里人都做得更为出色，因为他无须向外寻求任何资源，他有大片的土地和成吨的材料来完成他的杰作，且没有任何外来的力量可以摧毁它。

农村里奉行土地是生命之源，城市奉行资本是生命之源。不知从何时开始，城市已经放弃了自己在文化方面的固定地位，奉行名利的即时兑现，因为这里已经没有天真的人。他们清楚地明白，即使自己再强大，所处的位置再繁华，也只是万维网上百亿的站点中普通的一个，财富海洋中的一滴水而已。正是这种“清醒”，让自身的经济生活和文化生活都处在一种无可名状的惶恐和仓促之中，既然生命短暂，也没有自己的领地，那所有的动机和行为，都必须要奉行即时兑现。

但旧式的农民仍然相信，他们的生命会在庙里的香火中得到延续，他们的领地可以世代传承，因此一旦给他们机会，他们就可以迸发出惊人的创造力，这种创造力是基于生命的长久性和固定性，从而诞生出一些无法即时兑现的东西。我们可以从另外一个角度嘲笑这种“天真”，但更多的时候，他们令我们自惭形秽。他们对植物的崇拜和身体力行，象征着他们旺盛的繁殖力和创造力，能不能成为艺术，只是机遇和闲暇的问题。

农民宋佳伟的故事，就是例证，他以朴实的方式、曲折的过程，成为现代微信世界的成功者，在领地上诞生了一个仙草帝国，凭借他那纯洁无瑕的农民梦想，单枪匹马地和整个现代世界交锋。按照这一梦想，他成功地扩大了自己的领地，并让它实现了艺术化。

他让我想起了一个传奇的法国农民谢瓦尔，他花了33年时间，在自己的领地里，用捡来的石头堆砌了一座巨大的宫殿，他把它命名为“理想宫”，里面有花园、尖塔、堡垒、博物馆、各种塑像、街道——33年里，在完成每天的乡村邮差工作之后，他都要拉着装满石头的筐子跋涉几十公里，这些石头，让他不得不每天凌晨三点就开始出发。

这座农民宫殿，如今已经成为法国一个著名的博物馆，即使再挑剔的艺术评论家，也会在谢瓦尔非凡的创造力面前瞠目结舌，说不出一个否定的字眼。谢瓦尔在老去之后说：“我终于可以什么都不用想了，我用双脚，把这梦想原原本本带了回来。”

因此，我认为有领地的人终将得到幸福。如果他这一生并没有明白，领地可以带来多么伟大的创造力，他的后代也会弄明白的。我敢打赌，如果农民都学会这种财富的艺术和生活的艺术，作为都市人的我们定会用一种尊敬而羡慕的眼光看待他们。

玩转大学

PART·10

当别人还在为工作奔忙时，在职研究生刘叶焕已经是一家估值上千万的新媒体科技公司的 CEO，公司旗下的玩转大学微信公众号有 130 万粉丝。

这半年，刘叶焕推掉了所有采访。作为微信公众号“玩转大学”创始人和“信连心 · 关爱留守儿童”公益项目发起人，他曾与李克强总理面对面交流。他的微猴科技创业团队，多次出现在创新大赛并屡有斩获。金融系90后研究生、创业明星、公益人士、自强之星……一个个头衔都蹦了出来，新鲜而亮眼。

没有人知道他的公司正在经历转型的阵痛，他几乎遗忘了所有获得的荣耀。在长沙麓谷创业园区F1栋9楼，微猴科技时尚敞亮的新办公间，24岁的刘叶焕身着白色衬衣、戴着黑框眼镜，浑身散发着自信的光芒，这种光芒是由数次失败打造出来的宠辱不惊，和他的年龄很不相称。

当下中国，每分钟诞生7家公司，转型、风投、“互联网+”……“大众创业、万众创新”的热潮蓬勃兴起。作为一名在读研究生，刘叶焕早早跳进了这股潮流，高中毕业后已有5次创业经历。微猴科技的新办公间8月底才入驻，这是公司两年来的第三次搬家，从居民楼搬到写字楼，从80平方米变成550平方米，团队从3人增加到20多人。当别人在为找工作奔忙时，刘叶焕已是估值上千万的新媒体公司CEO。在创业的道路上，他屡败屡战，却最终“玩转”大学。

创业其实并不好玩，成败之间，是天堂地狱的转换。尤其是对于年轻人来

>>> 90后刘叶焕已经孵化出很有分量的创业成果

说，年轻意味着脆弱、懵懂、异想天开。而对于刘叶焕的意义会多一层，那是活着的尊严，背水而战的严峻，他的解释很直白：家里穷，希望早点赚钱减轻家人负担，除了他自己，没有人会为他的失败买单。

刘叶焕出生在浙江丽水的龙泉，丽水位于浙江西南浙闽两省结合部，因为地理位置，被称为“浙江的西藏”，属于浙江经济欠发达的一个市。刘叶焕家

>>> 年轻的刘叶焕已经有一堆创业故事可讲

所在的村叫四村，距龙泉八都镇两里路。历史考证，八都这个名字源自元朝，与人们印象中富庶的江浙之地不同，四村坐落在群山环抱的一个洼地，交通闭塞，农民世代种田为生。刘叶焕的家是祖上传下来的一间木房子，褐木灰瓦，土坯做墙，背靠大山，小溪环绕。房子两层楼，上层只能放杂物，下层是三间狭小的房间。由于年久失修，房子遇上大雨就漏水。山林、木屋、小溪、稻田，和小伙伴放牛、抓鱼、打水仗，构成了他儿时记忆中的美好画面。他们是村子里最后一批在田里、河里玩耍的孩子，同龄往下两三岁，电脑和手机开始占据大多数人的生活，河流也不再那么清澈了。

刘叶焕家是村子里最穷的几户之一。小学四年级，父母相继外出打工，身边没有亲人照顾，他成了一名留守儿童。学习之余，锄地、种菜、做饭都要自己干。周边邻居住得远，那间破旧的木房子，对于一个 10 多岁的小孩，意味着孤独与恐惧。每天到了晚上，他不敢喝水，因为起来上厕所，要穿过两重黑暗的门。一个雷雨交加的夜晚，窗框被风吹得乱响，床边是桶和盆，耳边是屋顶漏水的嘀嗒声，他一个人躲在被子里，忍不住拨通母亲的电话，一接通就放声大哭，几分钟说不出一句话。“小时候怕多了，所以我现在什么都不怕。”说起这段往事，刘叶焕带着点自嘲。

步行到学校早自习要六点起床，冬天没有热水，挤好牙膏准备刷牙，牙杯已经冻住粘在洗漱台上。比起生活的贫困，刺痛他更多的是心理上的无助与煎熬。父亲一度欠下外债，家庭雪上加霜，即使短暂团聚，也多是争吵，家的温暖荡然无存。母亲的坚毅与乐观，是他内心的支撑，也让他明白，好好读书才能改变家庭的命运。

进入大学后，刘叶焕摆脱不了童年的影子，他觉得应该为留守儿童做点什么。他和几位同学一起发起了“信连心·关爱留守儿童”项目，号召全国大学生志愿者与留守儿童进行一对一结对，通过写信与留守儿童进行深入交流。两年时间，全国共有 28 个省市 150 余所高校的公益社团参与，成功配对的志愿者与留守儿童超过一万对。孩子们需要心理上的陪伴，通过信件的交流，可以听他们倾诉喜怒哀乐，也可以引导他们成长。每次收到留守儿童寄来的卡片和小礼物，刘叶焕感动之余，把公益做下去的想法更坚定。

2014 年 3 月，刘叶焕和同学发起了全国首次大学生公益组织调查，全国共有 27 个省市的 447 个高校公益组织参与调查。他们根据调查结果编写了《大学生公益组织调查报告》。4 个月后，李克强总理来湖南大学考察，刘叶焕亲手把调查报告交到了总理手里。

很多人创业，一开始就谈宏伟的梦想和目标，刘叶焕想不了那么远，他只是做和他能力相匹配的事情。第一次尝试用知识来“赚钱”是在初三，刘叶焕家里没有电脑，就在网吧下载各种学习资料并进行分类整理，然后传到网上去卖，一个假期挣了 3000 多元。除了交学费，他用赚的钱，买了一个 2.4 寸的 mp4，下载了诸多成功人士关于创业的演说视频，这个小小的 mp4 成为他创业的启蒙导师。

真正的第一次创业，是高中毕业后办假期培训班。高考刚结束，他召集了

>>> 刘叶焕的团队是非常年轻的

当地几名优秀的高中毕业生，在龙泉创办了一个中小学假期培训机构，团队仅5人，但阵容“豪华”，有当地的文理科状元。搞培训班，他想了不少法子。首先是设计传单，为了写清楚培训班的实力和思路，宣传单正反两面都写满了字，结果效果适得其反，密密麻麻的宣传单印了一万张，只发出去了几千张。作为优秀的学长，他给当地的中小学校长发公开信，介绍学习方法，建立QQ群交流分享。招生目标是几百人，结果寒暑假总共只招了几十人。培训班只办了两期，就倒闭了。

第一次创业，是一次“梦想破灭”的过程，刘叶焕大概明白了“做生意”是怎么回事，光有想法不行，要学会如何让别人接受认可你的想法，细节准备和后期执行力都很重要。

刘叶焕以优异的成绩考取了湖南大学的金融专业，不过他对互联网、电脑技术更感兴趣。大一的时候，他在学生会公关部做外联，跑商家时发现了里面的商机，何不自己做一个校园网站和商家合作呢？这年暑假，他在长沙市工商局注册了人生中的第一家公司——长沙明月光电子商务有限公司。办公室就设在宿舍，他的创业项目是一个叫校米网的网站，除了租一个服务器，其他的技术、内容维护都是自己做。网站定位做校园O2O，与校园周围很多商家达成了合作，但是由于市场接受度不高、团队执行效率低下，这个项目推进艰难。不过在做校园O2O平台过程中，他发现旅游能赚钱，于是把校米网转型专门做学生旅游网站，改名叫青驴网。

营运青驴网总算找到了点感觉，刘叶焕拉了3个同专业的同学合作，经常在教室、食堂开会想点子，做策划方案。业务最火的时候，招了三四十个学弟学妹去跑商家。几个月后，青驴网在长沙大学生中有了较大知名度，也有了盈利。然而市场瞬息万变，学生跟团旅游市场突然下滑，青驴网的营运模式难以有大作为，熬了一年，他果断把团队解散了。

两次失败，让刘叶焕对商业规律和自身能力有了更成熟的认识，同时也积累了市场推广和商业谈判的经验。创业需要激情，几次失败后如何继续保持这份激情？刘叶焕庆幸自己有一个清醒的头脑——坚持做服务大学生的新媒体这个大方向。2014年6月，他和同学段鸣一起创办了湖南微猴科技有限公司，专注在新媒体领域进行创业。原来是一个媒体的报道让刘叶焕动了心：湖北武汉某高校做了公众号，有2万粉丝，估值两百万元，做外卖一年能盈利几十万元。由于前期办校园网站积累了不少粉丝，刘叶焕对做到这个粉丝量很有信心。微猴科技第一项目就是筹建“湖大百事通”公众号来做外卖。

团队7月份开始“湖大百事通”公众号的筹备，刘叶焕拎着一个包，里面放着自己设计的外卖合作合同，在麓山南的湖大、师大以及中南大学附近找商家，一家家地谈合作的好处。最热的两个月，他跑了200多个商家，谈下了其中的2/3，谈判技巧必不可少，比如他介绍说公众号拥有几万学生粉丝，其实还只是计划中假想的数字。最原始的地推，团队也不遗余力——在大学各寝室门上贴小广告，下课前直接站上讲台打广告，让同学们关注微信公众号，粉丝能加一个是一个。当时的微信公众服务号一周只能发一次内容，团队绞尽脑汁，想点子把内容做得接地气、吸引人。“湖大百事通”真正火起来，正是通过几篇原创文章的推送和转发。第一篇是《假如湖大各建筑也有朋友圈》，采用湖大各种教学楼与名人对话的形式，新颖有趣的文体让人眼前一亮，推出后阅读量有 10 万 +，一篇文章增加好几千粉丝。后来推出的“真假湖大人的测试”，吸引了 10 万多人参加测试。当时正值开学季，他们推出带音乐、动画的 H5 模板（当时在微信做这种模板是一种创新）——大学生军训纪念特辑，该特辑 40 多万的阅读量创造了一个惊人数字。

9 月 6 日，新生开学的日子，“湖大百事通”正式上线，仅花了 55 天，他们就把公众号的粉丝做到了 1 万多人。现实总比梦想残酷，还没来得及尝到甜头，他们突然发现“饿了么”“美团外卖”等诸多行业“巨鲨”挥霍着资本，开始疯狂吞噬外卖市场，“湖大百事通”这种没有任何资金支撑、本想偏居一隅的“小鱼”毫无抵抗力，败下阵来只是时间问题。这次创业，前期投资了 4 万块，第一次到外面租房，公众号买了一个外卖系统。忙活了几个月，不仅没挣钱，还亏本了。

创业四次，次次失败。对于很多人来说，可能很难东山再起，但失败没有打败刘叶焕，他的每一步都是在慢慢摸索，摊子不会搞得很大。这几次创业，只有在培训班起步的时候向母亲借过 3000 元，其余的投入都是后来创业的积蓄和合作伙伴的共同投入，重新再来的机会成本并不高。更重要的一点是，对不少像刘叶焕这样在大学时期开始“创新创业”的年轻人来说，最大的便利可能就是校园本身：有教室、图书馆等排除干扰的公共空间，同时还有一批优质的初期用户——大学生。加上如今大学生创业的环境宽松，学校在帮助学生创业上提供了不少便利，比如提供创业培训班，校友企业家的一对一辅导等，刘叶焕是最大的受益者，他很好地处理了学业和创业的关系，学业不但没受到影响，还以优异的成绩被保送到本专业读研究生。

创业并没有固定的套路可以模仿，有时候峰回路转，惊喜会不期而至。“湖大百事通”关闭才两个月，刘叶焕在前面平台的基础上改头换面，推出一个面向全国大学生的微信公众号“玩转大学”。没想到这一次他找准了细分领域，扩张的脚步根本停不下来，短短5个月，微信公众号的粉丝就达到65万，一举成为全国最大的学生类公众号，跻身全国微信公众号前200强。那段时间，幸福来得太突然，粉丝暴增，服务器垮了好几次。刘叶焕和伙伴们天天忙着维护服务器，常常深夜两点多才睡，五六点就起床开始工作。虽然是公司的CEO，刘叶焕作为一个技术控也亲力亲为，经常整天陷于技术上的设计与维护里，看着那些设计代码有突破、粉丝数不断上升，充实感代替了紧张和疲惫。

“玩转大学”公众号吸粉的手段第一靠“推”，第二靠“送”。“推”是定期推一些吸引大学生眼球的原创话题内容，增加互动，提高粉丝的活跃度和公众号的黏度，由于话题性高，他们最初几篇文章竟被200多个公众号抄袭了。“送”是从PPT模板到简历模板到期末复习资料，吸引学生眼球的实用资料应有尽有。第一个月粉丝达到30多万，第二个月50多万，后面进入缓慢增长期。团队成员也从7个全职变成了20多个全职。在2014年10月的招聘中，刘叶焕从400多份简历里挑了7个人，开出了4500元的月薪聘请应届毕业生。他认为，应届毕业生没有经验反而没有束缚，能带来公司需要的想象力和活力。

紧接着，刘叶焕又推出了“玩转职场”“玩转长沙”“玩转武汉”“生活教授”等十余个微信公众号，目前共有粉丝100多万，其中“玩转大学”和“玩转职场”荣获湖南2014年度影响力自媒体。2016年3月，公司发展再上一个台阶，获得国内校园O2O巨头“俺来也”300万元Pre-A轮投资，公司估值3000万元。和“俺来也”合作，刘叶焕看中的并不是他们的资金，而是能与他们协同发展，在校园领域能够资源共享。

刘叶焕认为，一个公众号要想成功，有用的东西是重要因素之一。你的内容长期来说能给阅读的人带来什么价值——轻松一笑的互动娱乐？发自肺腑的深刻启迪？还是对大学生理论或业务能力提升有帮助？有用的、有价值的才会长期生存下来。他对许多运营较为成功的内容公众号研究后发现，大多数公众号都具有一种情感共鸣能力，它们在内容中往往向用户传达一种情感、观点、态度，它们的内容不仅仅供用户阅读，而且表达用户心中所想所思，然后以用户易于理解的、最直白的方式表达出来。因此在微信公众号的运营上，刘叶焕坚持内容为王，2017 年开出 30 万年薪招聘内容总监也是基于这个要求。

公司步入了跨越式发展的轨道，也遇到了战略方向上的瓶颈，对一个创业公司来说，最难的就是质疑现有的思路，从零开始重新审视方向。2016 年 4 月，刘叶焕和 8 位小伙伴共同制作的“微猴——新媒体应用商店”荣获湖南高校创新创效创业大赛的金奖，这是当年湖南大学生最高水平的创业大赛，吸引了许多企业和投资人关注，他们的这个项目定位为一个新媒体的功能自选超市，利用微信公众号实现宣传推广、用户维护、电商交易等功能。他们的目标是要做全国首个新媒体应用商店，在新媒体领域横向发展，吃深吃透。能够获得金奖，至少项目方向是得到了企业和投资人认可的，但当真正运营起来后，就遇到了业务推广、技术攻关、团队执行力等一系列的瓶颈，推进进度与计划偏差不小。

前面的几次创业，都是两三个人的小打小闹，这次不一样，数十人的团队，几百万的融资，公司的每一步决策都不能走偏。新项目如何走，是继续加大投入，还是果断“止损”？刘叶焕和团队经过仔细思考后做出抉择，暂时停摆“新媒体应用商店”项目，将公司的主要发展方向定位在有 130 万粉丝的“玩转大学”系列品牌，在校园领域做纵向发展，服务好大学生和创业青年，这才是公司在市场中搏击的优势所在。

刘叶焕很喜欢雷军说过的一句话：不要用战术上的勤奋来掩盖战略上的懒

惰。新媒体、微信公众号现在已经进入红海期了，即艰难的时期，少于 20 万粉丝的都会失去广告价值。如果把“玩转大学”公众号的开发比作在大学生市场挖金矿，那么刘叶焕作为走在最前头一批的挖掘者，除了要提防不被后来者超越，还要不断思考，如何才能探测出各类型新的资源，从而获得源源不断的回报。除了运营好公众号，在服务大学生的纵向领域，公司下一步该如何走，刘叶焕一直在思考。目前，已经有很多创业公司在切入大学生群体的各个消费场景，比如说分期、兼职、活动、创业等，这些细分的领域也都诞生了巨头或者小巨头。刘叶焕做了一个市场调查，高校周边的餐饮、酒吧等商铺更迭很快，打印店的生命力反而顽强，因为业务简单，客流稳定。不过现有店面的规格档次比较低，这应该是学校周围没被互联网冲击的一个很好的线下渠道。从 9 月份提出想法，到“玩转大学”云印社第一家店湖大店开张，他们只用了 1 个多月，这是微猴科技在大学生市场纵向发展的一个线下产品。

“玩转大学”云印社统一了装修标准，配上醒目的橙色徽标，店员也是大学生，消费体验感明显提升。通过云印社的消费，很多学生开始关注“玩转大学”系列公众号。目前，云印社开展了时光书（将微信朋友圈的内容印成纸质书）打印、大学生社团交流等业务。刘叶焕认为，现在线下渠道方向找到了，下一步就是做到线上线下互动互通，进一步丰富线下活动内容，让“玩转大学”这个品牌在全国大学生群体中成为响亮的品牌。线上粉丝做到 300 万，线下开 500 个门店，这是他的远期目标。

他说：“再等 10 年，如果我们公司还活着，应该就是一家伟大的企业了。”

评论 ||| 有关失败

支撑失败之后信念的，是大多数人都认为，失败之后一定是成功。

对不起，事实上成功的人仍然是少数，信念成真的仍然是幸运儿，如果没有一个坚强的洗脑术，世界上就不会有那么多失败之后仍然是失败的年轻人。就像年轻时候的约翰·列侬那样，总是在写出垃圾曲子之后，愤怒地把稿纸撕毁，然后大吼："再来一次，那又如何。"

有音乐梦的年轻人中能够诞生几个列侬？有创业梦的大学生中，能够成就几个刘叶焕？说起来是如此扫兴，而我必须在加上一个扫兴的例子，一个彻底失败的例子，从这个例子可以看出来，彻底失败也无非如此，反而不用害怕失败了。

1854年，一个满怀梦想的日本青年吉田松阴鬼鬼祟祟地登上了美国海军司令佩里的旗舰"密西西比号"。当时闭塞落后的日本，刚刚被美国军舰打开大门，吉田松阴有一个天真的梦想，以为登上军舰就能去美国学习。

结局可想而知，美国大兵抓住这个可爱的年轻人之后，把他交还给了日本政府，他被判了一年监禁。出狱之后，他仍然抱着梦想不放手——这是热血青年的普遍特征，结果他再次惹事，最终被判处死刑，生命停留在了29岁。

他连命都丢了，没有人比他失败得更彻底。但他启发了后来的高杉晋作、伊藤博文等著名政治家，这些政治家从他的血泊里站了起来，最终使得当时的日本成为亚洲强国。

吉田松阴曾经这样评价自己："一个从事每项事业都遭到失败的人，一个将每次获得权力和财富的机会都搞砸的笨蛋。"除了他自己可以这样说，后来的人都不敢再嘲笑他半句，他们生活在他影子之下，只有懦夫和懒汉才值得嘲笑，失败的人永远是值得尊重的。

再借用《国境之南，太阳之西》中的一句话："非常遗憾的是，某些事物是不能往后退的，那一旦往前走之后，不管怎么努力，都回不去了，如果你在失败面前停下来之后，你失败的样子就会永远凝固下来。"

所以，人生只能逆流而上，就像洄游的鲑鱼那样，一部分幸运地游进了安静的湖面，更多的失散在汹涌的激流之中……这是人类的心灵密码、生存本能，彪悍的人生不需要解释。

与美有关

PART·11

从电视主持人到拥有自己珠宝品牌的创业者，李皆乐用十年完成了几次华丽的转身，这些转身的力量，来自对美好生活持续保有的热情。

上海徐汇区的安福路并不宽，路南面是一排西式小洋楼，初秋的夜晚，两旁高大的梧桐树在风中沙沙作响。从北京搬到上海快一年了，李皆乐更喜欢这里的天气，她喜欢到家对面的 BAKER&SPICE 咖啡馆坐坐，她喜欢这一片夜里的安静。点上一杯卡布奇诺，坐在靠里的一角，李皆乐拿起手机回复微信公众号上的一些留言。有段时间没更新“三是两听”的微信公众号了，最近更新的一篇推送是用辛波斯卡的小诗开头——“玫瑰是红的，紫罗兰是蓝的，糖是甜的，你也是”，诗文下面是几张图片，一款复古的蓝宝石戒指。李皆乐手上也带着这款名为“繁华绣球”的戒指，小巧精致如其人——“你看，白色的是白色蓝宝石。对，你当然可以选择换成钻石，更闪更亮。还可以组合成各种不同的宝石，比如可以把白色的部分全部换成红宝石，红色部分再全部换成钻，这样就变成了一朵红的绣球红。不管你的手是肉肉手还是纤纤指都很适合。”

如同“繁华绣球”，李皆乐对每一款自己设计的珠宝，从款式设计、用料以及宣传文案都不放过一丝细节，她希望每一款珠宝都散发出独特的气质和品位，能够寻到知音。“三是两听”，是李皆乐和朋友四年前一起创办的一个艺术品网络销售平台，她主要负责里面的珠宝部分，珠宝是她自己创建的品牌——JL。

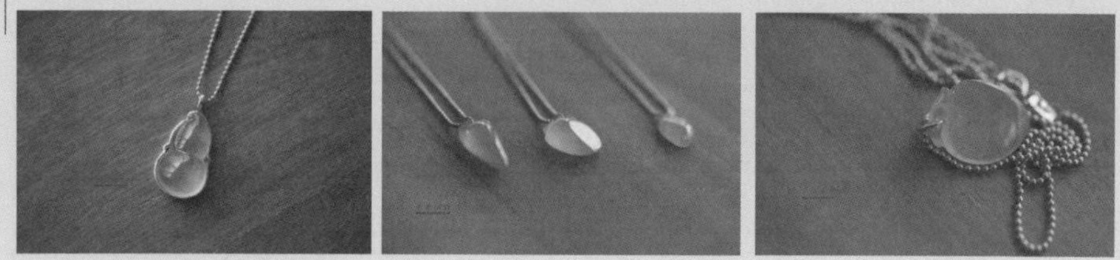

>>> 翡翠葫芦吊坠

纯粹是因为对器物的喜爱，李皆乐和朋友五年前最初在淘宝上开了“三是两听”网店。“三是两听”听上去挺有意思，怎么解释呢？李皆乐说，名字来自一次瞬间的灵感。“是的。是吗？是吧。凡事好听不好听，皆乐”——从刚刚入世时的全面接受“是的”，到渐渐对世事产生疑问“是吗”，再到对一切事物都能不计较不推敲的“是吧”。

不计较，不推敲，这一对待事物的态度，也是李皆乐的生活态度。网店最开始卖一些小艺术品、字画、香炉香材。第一批货品是朋友寄卖的 10 个精致瓷杯，台湾衡莲的第一代，根据不同的杯型，销售价格在 2000 元到 5000 元不等。有些不可思议的是，这批杯子竟然在网上很快被识货的买家“抢”走，第一个月就有两万多元的营业额。李皆乐第一次领略了电商销售的魔力，也让她坚信只要东西好，不怕没有识货者。

淘宝是一个价格透明、竞争激烈的平台，如果不大量囤货，价格就无法便宜，但拿到的货品同质程度就会很高，“三是两听”的销售初战告捷后陷入了一个瓶颈。李皆乐想到了设计自己的产品，做纯手工、独一无二的。她去了几趟景德镇，找手工艺品合作的可能。谈合作要看眼缘，她花了不少时间在景德镇了解行情和观察艺人，最终和一名老艺人谈成合作，制作一款她设计的手写心经

>>> 翡翠

杯。每个杯子，都是用手写心经后再烧制，写错要重来，特别费工夫，由于是手工，每个杯子在气息和细节上恰恰是独一无二的。定价 490 元一个的杯子，第一批 50 个被一抢而空。第二批制作了 100 多个，价格涨到了 660 元，还是供不应求。每一款杯子都有独特的编号，缺货状态下，有瑕疵、写错字的版本都有人收。物为心成，李皆乐相信好的器物都源自丰富细腻的内心，发现美，也可以去创造美。

开网店之前，李皆乐曾是校园歌手，是电视台主持人，是图书策划人……所有这一切，都和美有关，以美的不同形态存在着。

李皆乐的老家是湘中小城安化，这里因为羽毛球和黑茶闻名中国。这里是美的，有着一汪好水和青翠山岭，这里出来的女子，大多带着桃红的清秀脸颊和小溪般流动的双眼，比如羽毛球运动员龚智超和龚睿那。李皆乐的家离资江河岸只有几百米，小时候河水清澈，船码头河滩边，时常挤满了洗衣、洗菜的妇女与老人。老人们用木棒在大卵石上捶打衣服，“砰砰”的声音，清脆得像河流的心跳，妇女们用乡音聊着家长里短。孩子们在河滩上挖出沙子堆城堡，胆大点的在水中打闹。镇上只有一个邮局、一个电影院、一个音像店，步行走完小镇，一路上遇不着几个生面孔。如今的沿江两岸，高楼鳞次栉比，到了夜晚，灯火辉煌。从江的南岸到北岸，过去渡船需要 20 分钟，大桥建成后两分钟足矣。因为南岸可用地狭窄，北岸的大片山丘被铲成了平地，开发成了如同一块块火柴盒般整齐划一的新区，黑茶博物馆、各类茶叶销售店成为人流交织的地方。最让李皆乐诧异的是，过年回家，小镇上竟然还堵车了。物质丰盈起来的时候，难免失去一些本真的东西，人如此，小镇也如此。李皆乐还是怀念这个地方，她爱这里的亲人，况且家乡山水那种自然清澈的美的感受，已经融进了她的血液。

>>> 李皆乐曾经是个小明星，但她从未沉浸于成为大明星的幻想

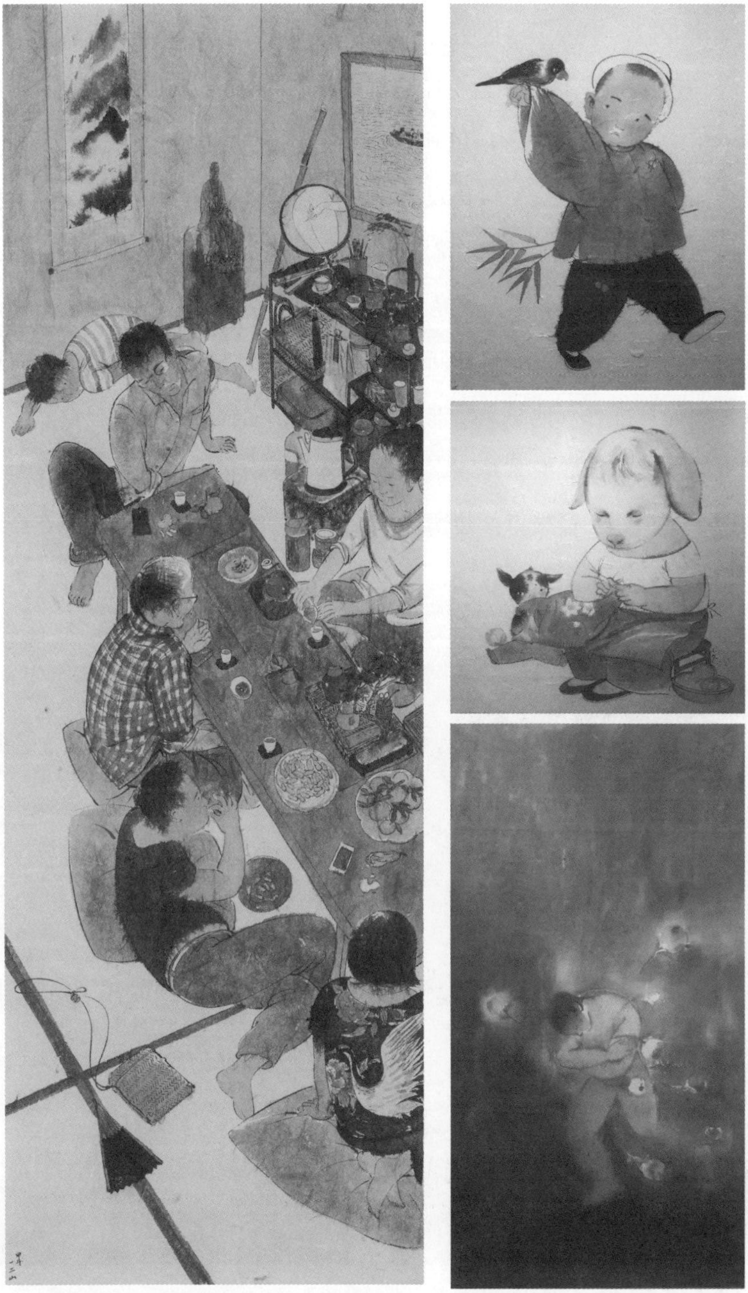

>>> “三是两听”销售的艺术品都是别具一格的

大学毕业后，李皆乐做过主持人、专栏作家等职业，她一直认为如果一个人很年轻，但觉得自己只能在这个环境下生存了，没有什么可能性了，那就是“老”了，她不想这么早“变老”，所以她喜欢挑战和接受新的事物。2008年，喜欢阅读的李皆乐来到北京一家文化传媒公司，得到了转型的绝好机会，她也把握住了这次机会，第一次独自运作，就成功夺下了汪涵第一本图书的出版授权。

撬动汪涵写书并非易事，从提出想法到汪涵最后答应，李皆乐等了大半年，其间数次的沟通，最终用诚意和新颖的策划打动了汪涵。汪涵是书卷气最浓的主持人，聚光灯之外，他总是浸淫于水墨丹青，向往小镇的古朴自然。为了配合好图书的出版，汪涵经常是才下舞台就进书房，每篇文章都是用左手一字字写下来的手写稿。十篇文章，边写边改。拿着汪涵的书稿，李皆乐在全国找了十多家出版社。两个多月的时间，涉及条件的拉锯战让她感到身心疲惫。面对

>>> 位于上海华山路847号的“三是两听”实体店

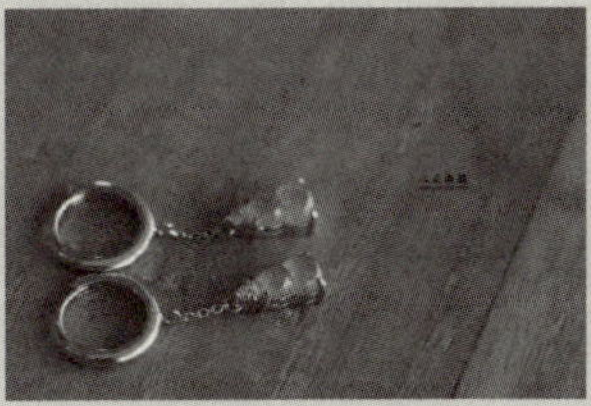

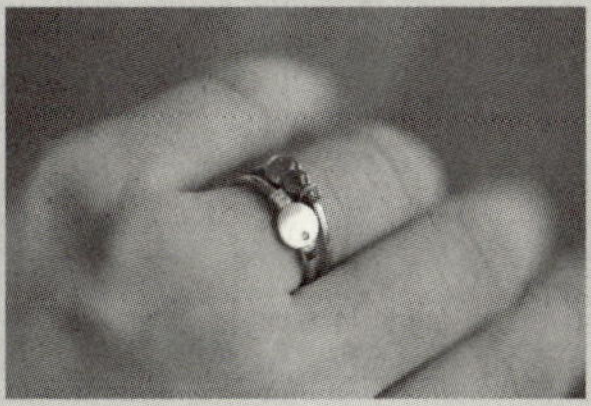

>>> 李皆乐总能触类旁通得到美的启发

各种各样的出版社给出的不同市场意见，她不断在自己脑海中打散再重构整个出版计划。她最缺乏的就是实战经验，但这也许正是她的优势。她要做的，就是在这错综复杂的经验之谈中，去开创出一条真正属于自己的路——因为经历是白纸，最后反而会选择相对简单、执拗的方式。

她在品质、利益与影响力中做着平衡。小出版社，会给高版税和可观的首印数，首印就能赚不少钱，但不一定能给出最好品质，大出版社可以把品质和推广做到最好，但是会给很低的版税，可能要亏钱。她最终筛选出三四家出版社让汪涵定夺，汪涵当即拍板广西师范大学出版社，因为汪涵是《温故》的铁杆粉丝。

>>> 转身，就意味着必须要做一个超能的学习者

事实也证明，她和团队对这本书每个细节的把握是准确的。《有味》一出，马上轰动了整个出版界，所有人都没有想到一个在中国知名度最高的人，竟然没有写自己的传记和职业，而是寄情于一个古老小镇的朴素生活，寄情于中国传统的手工制作，俨然是散文大家的气质。这本由非专业作家写就的散文集，在当年专业的榜单中最后名列散文类的第二位，仅次于龙应台的《目送》，此后里面的美文仍然在生生不息地传诵。

也许她可以在图书出版人这条道路上永远走下去，2014年，她成功策划出版了严明《爱这哭不出来的浪漫》一书，这一次的她，更像一个伯乐。严明是位职业摄影师，李皆乐看到他在《南方周末》一次活动上的演讲视频后被惊到了，发现他的演讲文字真诚，有诗意。李皆乐认为，如果文字分类中有可成为“读万卷书”的文字，那么严明的文字就是“行万里路”的文字，有生活，有悟性。对于出书，严明起初并不自信，李皆乐就一直鼓

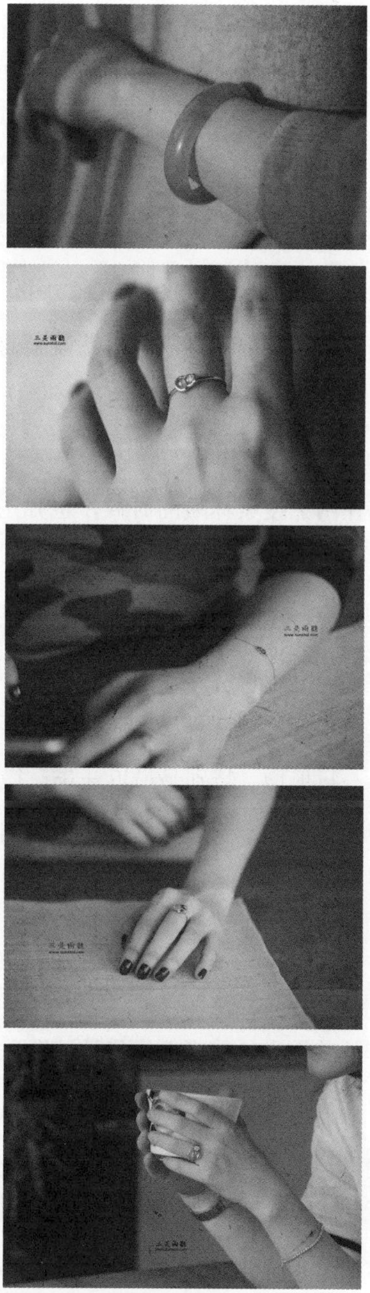

>>> 只有情趣相投，才能成为她的顾客

励，并且帮他联系了出版社。《爱这哭不出来的浪漫》几经周折出版后，得到了贾樟柯等文艺界人士的认可和推崇，并一举成为新京报评选出的2014年好书榜“年度黑马”。

书是缤纷万象的，美丽的图书总在启发她关于美的思路，总有一个思路要付诸行动。李皆乐从没想过“三是两听”会因为销售艺术品而逐渐受到关注。她从不执着于营业额多高、团队多大，只是想认真做出喜欢的小产品。任何事情到了一定的阶段，自然就会有下一步的做法。“三是两听”的业务量后来产生了一个跳跃，很大的机缘是认识了水墨艺术家林曦。林曦把自己的水彩画放到三是两听上销售，因为林曦在其开班的“国学堂”里有一大批粉丝，很多人在网上搜索林曦的时候，也知道了“三是两听”。后来，她又与林曦合作开发艺术衍生品，同样的合作模式在陈漫、欧阳应霁、皇小小、严明等艺术家身上实现，这些艺术家的作品全部保证是独家而且限量。只用了两年时间，三是两听的月销售额达到了50万元以上，最高的时候超过了70万元。

“三是两听”的实体店规模不断扩大，在微博、微信公众号上的关注度也与日俱增。特别是最近一年，微信公众号每篇推送的点击和评论数开始超过了微博和淘宝网店。这也让他们团队更注重微信公众号上每篇文案的推送和微信上的销售。李皆乐主要负责珠宝首饰部分的文案，有时候为了写下十几个妥帖的文字，要耗费掉一整个下午。

谈到做珠宝，李皆乐说，完全是从一颗翡翠葫芦开始。2013年1月14号，仗着生日，李皆乐很任性地购入了数颗冰种满绿的小胖葫芦。依据尺寸，她尝试着设计了第一条钻石满满溢出来的锁骨链。成品到手，相当可爱，小到五岁女童，大到92岁的老奶奶，无不喜欢。新品尝试着发布后，反响热烈，于是她开始在“三是两听”销售这一款锁骨链。在这之前，没人会用1厘米左右的翡翠葫芦来做项链，因为那时候只有40岁以上的女性才会真正喜爱翡翠，她们多数思想成熟、体态丰盈且生活优越，体积大小是她们评判一块翡翠的重大标准。在同样水色的基础上，足够大往往会直接导致一个让人惊呼的价格。所以在很长一段时间内，年轻女性的审美观根本无法涉足翡翠界，即便是她真的喜欢，也很难。而当时的李皆乐，就是这种年轻女性。

李皆乐专程去过一趟玉都揭阳，逛遍大小翡翠店，发现满眼的耳环戒指项链都是以体积见长的豪款。她觉得，即便是买得起，也完全不具备去驾驭它们的体魄。难道真没有适合她这种小个子年轻妹子佩戴的翡翠吗？翡翠就一定都要那么大吗？作为一款首饰，就真的需要那么惹眼吗？于是，她决定自己设计，创立 JL 珠宝品牌，将其定位为中式轻奢珠宝。在做每一个款式的时候，她会想起的是妈妈和长两岁的姐姐——她们含蓄温柔，优雅有质感，是典型的中国女性。她们从不过度装饰自己，在不给日常生活造成不便的前提下轻轻点缀。李皆乐发现那些足够自信又甘当配角型的首饰，是可以让多数女性的形象得到明显提升的。而那些争当主角的首饰，则往往会有反效果。这就是她，一个半路出家的珠宝品牌拥有者兼设计者所思考的珠宝定位与设计方向。直到她找到一种恒久而含蓄的美，那是她的珠宝事业。

多款珠宝首饰推出后都受到欢迎，类似款式在网上于是有了各种版本的抄袭，对此，李皆乐一点也不担心，也觉得不重要。“‘三是两听’在淘宝上刚火起来的时候，北京有个富二代很喜欢店铺的这种风格，对每一张图、每一个设计点进行研究和模仿，甚至专门来实体店‘卧底’打工，几个月后，他发现还是学不来。”皆乐笑着说，“每一个都是气息里出来的东西，哪里抄得尽哟。”

2016 年，“三是两听”的实体店从北京搬到上海，并且一开就是两家。一家是位于徐汇区太原路的 Art Space，200 平方米的小洋楼体验店，带着小花园，可以做线下的客户交流活动。另一家在华山路，面积较小，主要销售珠宝和书画等艺术品，并接受私人定制的预约。李皆乐研究了“三是两听”的主要客户群，目前70%左右的女性客户，年龄在35～45岁居多。这一群体首先是有一定的购买力，然后会判断，知道东西并不是越贵越好。她们希望买回家的东西，除了款式、材质、做工，销售和售后的服务体验都缺一不可。李皆乐认为在后续产品的开发上要找到一种平衡感，店铺的规模扩张也要保持自己的节奏，她的客户应该就是在器物上和自己情趣对味的一批人。

“之所以有很多个我，是因为人生在大路上出现了许多岔口，她们就是走岔口走掉的，而我是坚持从大路一直走到最后、走到现在的。”李皆乐很喜欢阿乙的这句话，无论选择哪个方向，坚持心中的美，总是最重要。

评论 ||| 转身

我一直认为，女性学会转身一直比男性困难。比如说，上个月我在朋友圈里看见我的一个前同事，一个刚好50岁的女性在晒她的自拍照，修图很厉害的那种，背景是海滨度假酒店，说明文字则是和情人的约会如何浪漫之类——我当时一阵反胃：你刚进大学的儿子看见这个会怎么想，你以前那么尊重你的下属会怎么想？

我无意去讽刺这个岁数的女性，我也不会劝她们应该去跳广场舞，打麻将，满街抢打折品、开业赠品，参加减肥训练营，毕竟人各有志，我也很喜欢很多到了这种年纪的女性，比如严歌苓、杨丽萍，一个养多肉的高手，一个不知老之将至的保险推销。但我觉得人有很多共同点是不可放弃的，比如说内心的尊严，他人对你的尊重，自我实现，反对恶俗……如果你不同意这些，我相信你不会出现在这本书的读者之中。

我只是为曾经那么美丽的一个女人，曾经那么聪明的一个女人，一辈子竟然没有学会如何转身而感到诧异。几十年里，她从来没有放弃过任何流行的东西，从喇叭裤杀到了超短裤，从牡丹控变成了自拍控，似乎环境和年纪的任何改变，都无法让她意识到，是该转身的时候了，结婚了，生儿子了，升职了，离婚了……所有这些惊天大事的发生，从来不会动摇她对时尚、对浪漫恋爱追求的决心，她拒绝任何善意的规劝，不但在同一个职业一条道走到黑，也将在小女生这条道路上走到死，其间无数的朋友，还有所有的家人都在远离她，她也完全不在乎。

是的，她赢了，其实输的是我们。

支持她的唯一朋友给我举了大作家玛格丽特·杜拉斯的例子：你瞧，人家

70 岁还在爱着，还有肉体可以燃烧，还依偎着二十岁的小鲜肉，坐在市政厅广场的长椅上追忆往事，中国就是这样的人太少了……

我说，你看见的是表面，而我看见她的内心还是在不停地转身，我几乎看过她所有的作品，从《情人》《广岛之恋》的沉痛忧伤，一直看到《痛苦》和《罗马对话》里的沉思和历史责任，我从里面看到了一个伟大女人一生丰富的画卷，觉得她很了不起。

——所以，你是对的。

但用在她身上，你错了，我们看到的表面，和她单调空虚的内心是一模一样的。

因此，我特别喜欢李皆乐同学那些美丽的转身。尤其是当我知道她竟然是超女、美女之后，更加感觉到她那些转身的美丽和可贵，简直就像钢琴从白键跃向黑键那样利落和自然，像冰舞那样充满着危险的优雅。她的转身，天然有着美妙的姿态，关于生活的美妙音符，也一串串流动起来。通常来说，一个有着这样高起点的女性，是很不善于转身，也很不情愿去转身的，因为自己倒影的美丽诱惑太醉人了，粉丝的呐喊太骗人了，名利场的角逐太深奥了，好不容易进去了，怎么会甘心出来呢？

我也不想举那些过得很失败的超女为例子，毕竟我和她们都不熟，怎么能从那些新闻里认为她们很失败呢？如果人生抱死一些执念、妄念，说不定最终能赢得别人的跪拜呢。

但在那个终点之前，我还是会尽量不去看见这些，因为我会失望，我不想看见一个人后来过得比起点更差，容貌也更憔悴。

归田辞

PART·12

深圳的报社高管突然回乡侍弄起了水稻，很多人大吃一惊。春来秋往之后，他收获了人生的第一季稻谷，他在微信上也顺便写下了一篇篇动人的归田辞，尝尝他的收获，读读他的文章，大家才恍然大悟，他并没有抛弃理想，而是在田野里，收获了诗和远方。

45 岁的董谦是深圳一家报社的高管，他大学毕业就一直在深圳做报纸，从未想过正当盛年的时候，突然回到老家汨罗，种起了稻谷。

只有做过报纸的人，才能理解当下报人的心境——即使看一眼地铁里黑压压的低头族，也会生出一股生不逢时的惆怅。手机就是资讯，手机就是沟通，谁还需要报纸呢？这时不能多想，越想惆怅越多，曾经苦苦追求的版面艺术，曾经让人血脉贲张的通栏大标题，全国性的优稿荣誉，社会的震撼和亲人的骄傲，那份曾经让人充满骄傲的媒体人的荣光，竟然在短短两三年内就分崩离析。

报社还是像以前一样辛苦，但这种辛苦已经是一种习惯的延续，不再具有不可替代性。

要亲自去否认自己的价值，无疑是痛苦的，更何况这种否定还得不停延续下去，手机注定还要和报纸共舞一段时间，多长，真说不准。

幸好他在内心里还有一块自留地，这自留地是文学、电影、乡土之类的混合物，对酒当歌、乘兴而舞的洒脱，老派报人的清雅，终究是时势不能摧毁的。

这个身高一米九二的书生，终于有一天把内心的这块自留地开垦了出来，把他的产品和思考，一起放在微信上和人分享。

他回到故乡汨罗种稻谷，秋凉的时候，收获了第一季。

>>> 田野在优雅地舒展

关于种稻这件事，湘北的很多名人都喜欢做，全国人大常委会副委员长毛致用离休后，就认认真真回老家做了一个朴实的农民，后来又有作家韩少功，回到汨罗当农民作家，天天穿着黄胶鞋下田，到学校厕所里淘粪。曾经的钟鸣鼎食，饕餮都市，终究长成了故乡的一抹新绿青苗，没有人能够说清这生命的奥秘，到底是归来，还是出发？

和这些大人物不同的是，董谦从种稻的第一天开始，就认真撰写着自己的微信公众号，他有一流作家的文笔，字里行间带着浓郁的灵秀湘味，摄影技术，也因为他活得比任何人都接地气而得到了大大的提高。这个做派很有点像明朝的文人张岱，在一个巨变的大时代，把自己的一点小爱好玩出了名堂，把星换斗移的惆怅寄托个干净。

这个大个子书生，弯腰锄地比普通人更困难，薅草插禾也快不过田里长大的小孩，但他有自身的优势，他对生态的理解，对农村社会的理解，对种稻的传播，也让他的同伴们大开眼界。他尝试将这些思考和劳动结合，写出了绵延一百多篇的《种稻记》，等到秋收，他发现收获竟然如此丰满："满田割断切碎的稻禾，融入了太阳的气味，风的气味，雨露的气味，动物的气味，植物的气味，微生物的气味，人类的气味。由里而表，至和充溢。我伫立久久，心境廓然，会意忘言。”

以前无法理解他种稻的人，依旧在都市苦苦挣扎煎熬的人，竟然还开始羡慕他了，就像史铁生所说的：“对于故乡，我忽然有了新的理解：人的故乡，并不止于一块特定的土地，而是一种辽阔无比的心情，不受空间和时间的限制；这心情一经唤起，就是你已经回到了故乡。”

经过董先生同意，我们摘录了他《种稻记》的部分内容，这些内容提醒我们：微商，也可以做出诗和远方的境界。

我就在这里，哪也不去，等待收获。

链接 ||| 种稻记

种稻记 1

2016 年 6 月 8 日

下田的当天，我就知道了，指甲缝里的泥，是很难洗干净的。打了两次肥皂，用刷子刷，还是黑的。

刚到沙溪，吃饭的时候，看见陈爹的指甲缝也是黑的，我心里嘀咕：为什么不能洗干净呢？现在，我知道了。

陈爹是高中同学陈怀宇的爸爸。沙溪在湖南省汨罗市。我来沙溪，种田。

第一次下稻田，光脚，踩进泥里，滑滑溜溜，凉凉的。45 岁的脚，之前从来没有下过田。

韩建林问我来做什么，我说种田，他说我谈，他说我是打混坨子筋。翻译成普通话，韩建林说我是扯淡，说我是来打酱油的。我没有扯淡，但我是来打酱油的，我只能是打酱油的，我叫了声韩老师，毕恭毕敬。

韩老师是远近闻名的种稻好手，以下是他每天给我分派的任务：第一天，拔草；第二天，拔草；第三天，拔草；第四天，拔草；第五天，拔草；第六天，拔草；第七天，拔草。是的，从 5 月 25 日开始，我拔了一个礼拜的草。

我加入了拔草小分队，为什么这么多草？因为我们不用除草剂。我们自作，我们自受。除草剂一下，草全死了。是的，除草剂一下，草全死了，蝌蚪和泥

>>> 董谦的田园之梦，驱使他习惯于劳作

鳅也全死了。

拔草。两个字是一样的，但每一个“拔草”的内容是不一样的。到了第三天，

我已经不会留意我的衣服有没有泥了，裤腿是不是弄脏了，田泥会不会漫过我的雨鞋了。到了第五天，我已经能够知道一些野草的名字，韩老师家里的墙上贴着一张田间杂草示意图，拔完草，我就会去比对。肉马绊筋是我认识的第一种田间杂草，这个名字如果翻译成普通话，就失去了它的韵味。第一天拔草的时候，农妇甲说你并没有把它拔出来，她说如果是这种“啪啪”声，就是它的茎断了，根还在泥里。我把手指抠进泥里，摸到了它的根，它的根系非常发达，带出一大团泥，泥点因为惯性甩到我的脸上，臭的，这是施过牛粪的田地，它就是臭的。如果只是根系发达，还不可能叫肉马绊筋了，这个名字的由来，是因为它的根系并非一个，而是多个，排列在草茎上，只要其中的一个还在泥里，它就会存活，就会蔓延。其他的野草，可以翻转到泥里，沤肥。肉马绊筋不行，它会春风吹又生。后来，我搜索到了它的学名，狗牙根，又叫马鞭草（一串“啪啪”声），这两个名字都很形象。韩老师认可了我的学习态度，他告诉其他人，肉马绊筋的学名叫狗牙根。马唐的名字也是在韩老师的墙上看到的，它只有一条根，却比狗牙根的更发达，它长在土质稍硬的地方，很难一次性拔除，它非常善于丢茎保根，我的手指不得不钻进地里，才能将它的根揪出来。还有一种叫蛇不过，因为根茎难缠，叶上刺多，蛇休想爬过，一旦接触，便会让我立刻吃到苦头，它又叫倒金钩，听上去很不好惹。

这是多雨的一周，气温持续走低。“四月八，冻死鸭。”5 月 30 日天晴回暖，31 日温度陡升至 33 度。这一周，湖南人打出了寻找太阳公公的广告，他们给太阳取了一个外国名字，叫作“伊芙·布德干·内酷·么德川”，翻译成普通话就是“衣服·不得干·内裤·没得穿”。到最后一天的拔草，我已经知道怎样将狗牙根完整地拔除，扔进田间水洼散去根泥，捞出，放进箢萁，用扁担挑着去喂鱼。箢萁也是汨罗叫法，普通话是簸箕。我的肩膀根本上不去重担，一次只能挑陈爹的一半。陈爹快 70 了，挑到半路，会坐在扁担上，歇口气，他的心脏手术刀是进去过的。

>>> 洪水冲毁了稻田

秧苗集中在同一块田里，它叫“农香32”，湖南省农科院水稻所选育的良种。它们已经萌芽，弱不禁风，却每天生长，我不想称它们为希望，因为这是一种残酷的生长，没有经过任何农药的浸泡和喷洒，我反而很难替它们开心，觉得它们就像是赤裸着进入了满是危险的屋子。

种稻记 4

2016 年 6 月 13 日

“玉针香”的稻种已经分装了三个口袋，用绳子扎紧，叠加放在屋檐下。扎紧，叠放，目的只有一个：让稻种升温，催其发芽。两个问题：一是袋内温度不均匀，里高外低；二是水分会逐渐蒸发。因此，稻种会被倒出，过水打湿，重新装袋，扎紧，叠放，反复两次，加上第一次的浸种，俗称“三起三落”。

“玉针香”不是我们喜欢的名字，余涛建议改名“溪米”，我们喜欢这个名字。余涛是平面设计师，喜欢钓鱼，他来这儿钓过鱼，一口山塘，无限野趣，听着潺潺山溪流过稻田，他若有所悟。“溪米”的另一层意思，此地是沙溪，沙溪农科村枫树坪，当年是有两棵大枫树的，它背靠麻石山，山不高，但山并不在高。

汨罗市去年并乡镇，沙溪、黄柏两镇合一，改名神鼎山镇，附近有山，相传黄帝于此铸鼎。

今天任务自派，捡塑料垃圾。农村尚无环保观念，用完的塑料袋，无论大小，随手乱扔。我的装备是一把火钳，夹藕煤（蜂窝煤）的工具。村嫂给我一把，嫌短，又换了一把长的，短的轻，长的重。两个小时后，火钳变重，胳膊难抬，手指僵硬，我开始想念那把短的，又不好意思去换，暗暗叫苦。再过一个小时，手背近小指处，竟被火钳磨破。有人路过，看了两眼，他说你捡这东西干吗，能卖钱吗，我说这东西最毒，他说多毒，我说田里什么虫最毒，他说钻心虫，我说这东西比钻心虫毒一百倍，他摇摇头，这个怪物，走了。如果闻到塑料袋沤烂的臭味，他或许不至于将头摇得那么干脆。这个上午，堪称我的有史最臭，用皂三次，都去之不净，进门时我竟然逼退了两位好汉，看到他们向刚刚拖过牛粪的那位靠拢，我有了小小的得意。

韩伟林给了我一个更大点的得意，鼓泥虫退了，浓度0.1%的茶枯水起作用了。在秧田里，韩伟林指给我看，带红色的泥巴就是有鼓泥虫，它们已经退出秧苗区，散落四周。韩伟林用脚踩了一下那块泥巴，红色马上消失了，那是红色的鼓泥虫钻到泥里去了。

好消息的后面总跟着一个坏消息。陈怀宇从市植保植检站带来一份文件，标题字字惊心，“加强调查　严防早稻稻瘟病暴发成灾”。汨罗近期雨水较多、晴雨相间的适温高湿天气，有利于稻瘟病的暴发流行，部分乡镇已经病情较重，文件强调了防治：对未发病的稻田施以75%三环唑可湿粉剂，对已发病的稻田施以40%稻瘟灵乳油、75%肟菌·戊唑醇水分散粒剂。这些奇怪的名字，我根本不想知道它们的意思，恶恶的，凶巴巴的，读到它们，就会喉头发紧嘴巴苦涩。我们是不会给它们留半点门缝的，哪怕血汗白流，颗粒无收。

革命之路

PART·13

上市公司千金药业决策层推出微商渠道，并不因为风尚，而因为睿智，这种睿智并不全是关于微信功能性的理解，而是充满哲学性的思辨。什么是合理健康、可持续发展的微商模式，盖诺和龙嫦的案例无疑最具典型性。

比起其他人来，龙嫦的微商之路无疑是最平坦的那种，她是幸运儿。这种幸运，一方面来自她在销售和沟通方面的天赋，另一方面则来自她所加盟的盖诺微商运营平台优异的顶层设计。

关于什么是合理健康、可持续发展的微商模式，盖诺和龙嫦的案例无疑是最具典型性的。

在做微商之前，龙嫦本来就是千金净雅女性系列护理用品的销售员，千金净雅本身也是盖诺微商的主打产品。不过，她 2013 年开始做千金净雅销售员的时候，千金净雅还没有进入微商渠道。当时千金药业刚刚推出千金净雅，而女性护理用品的市场又相当成熟，女性对于这类私密性产品都有强烈的品牌依赖，要迅速打开市场并不容易。

但千金净雅有自己的“王炸”，它是中国首个医学级护理棉品牌，是按照国家医疗器械级标准生产的完全无菌产品，拿到的也是国家医疗器械生产批号，背后依托的也是千金这样中国最负盛名的中成药企业。推出这个产品，代表着千金药业要实现二次创业的雄心，打破垄断，实现护理用品的消费升级。

龙嫦最开始是在各大药房里推销千金净雅，由于标准高，包装好，价格比普通护理用品贵了不少，又缺乏认知度，销售并不理想，只有一些刷医保卡的才会买。殊不知，这正是为以后的大红大紫打下的伏笔，早期的药房推广还有另一个目标，以润物无声的方式树立产品形象，不知不觉地催化顾客对产品的认知。因此，一旦千金净雅在超市里推出了平价简装版，销量就马上获得了大幅的提升——因为之前大家都获得了一个印象：这个是高端医疗产品，很贵很有理！即使很多女性没有购买过这个品牌，也对此留下了深刻的印象。

>>> 充满女性之美的工作氛围，让龙嫦（居中者）一直很享受

>>> 龙嫦转向微商是很自然的过程，她认为自己很幸运

这是千金净雅在传统营销模式上一个成功的小行动。更大的行动在后面，而龙嫦不知不觉地被裹挟了进去，这是充满幸运的裹挟。

千金的决策层推出微商渠道并不因为风尚，而是因为睿智，这种睿智并不全是关于微信功能性的理解，而是充满哲学性的思辨。微商 = 微信 + 营销？这其实是一个很错误的公式。答案并不是微信里面加上了营销，而是整个营销的生态围绕着微信发生了改变，把微信融化到整个营销生态之中。这个思辨并非对所有产品都适用，而恰恰对于千金净雅这样的私密产品最适用。

他们起初的一个认识是，对于女性护理产品这样高度私密化的产品而言，大张旗鼓地广告轰炸并不合适，明星代言并非有效。因为它针对的并非是一个群体，而是无数的个体。相反，女性的私下交流反而最具威力，在熟人之间形成的微传播、微营销才最具信任度，这正符合了微信传播碎片化、大众化、扁平化的特征。

现代信息技术，往往是反客为主的工具。简单解释下，一项新的现代信息技术发明，往往不是基于人类需求而诞生的，而是因为发明者觉得它有趣才诞生的。在微信之前，所有人都认为有短信有 QQ 有电话就已经非常方便了。而这有趣的玩意诞生之后，你又发现它根本不是有趣，而是它改变了人类的需求，让你再也离不开它。这就是技术的反客为主，技术的革命往往不是来自于解决困难的需求，满足人类饥渴的需求。从前，很多技术的革命是为了让资本增值，它们来自于人类永不餍足的欲望。而在移动互联网的时代，又派生出仅仅是为了有趣而派生出的新技术。发明者刚开始觉得这玩意很有趣，结果不知不觉间，仍然会让有趣的好玩意回到资本的老路上来。

所幸的是，信息革命在介质上是无形的，它无须剥夺一群人的东西，让另一群人富裕，也无须赐予一群人权力，去控制另外一群人。它是开放共享的、公平的，赋予这个时代最大的平等开放特质，权力均等、资本均等这样政治家奋斗几千年都无法实现的目标，竟然在这里神奇地得到了实现。如果说它是一面魔镜，魔镜已经分不出哪里是映像哪里是真实，当这面魔镜照耀在千千万万龙嫦这样普通人的身上，他们几乎是被动着走上了一条革命之路。

龙嫦在做了两年传统的推销员之后，就结婚生子了。在这两年的时间里，她一个人跑过十几个省，几十个城市。在超市和药店促销，在医院渠道招商，后来又管过华东市场母婴连锁的销售，千金净雅的试用装，她走到哪里就送到哪里。生了孩子以后，她一度认为自己不会再回到销售岗位上来。到了 2015 年夏天，当她得知公司推出微商渠道之后，简直是要欢呼雀跃啊——她记性特别好，她接触过的所有人不在微信上，也会在她的电话本上，她还记得那些五湖四海所有姐妹们的名字和形象。那些因为小小的试用装结下的缘分，又可以再续上了，她不用奔波就可以回到自己热爱的销售岗位上来。

龙嫦花了 2.6 万元钱成为盖诺微商的总代理，其中 2.1 万元是千金净雅产品，0.5 万元是经营押金——在这里有必要简单介绍一下这个微商体系，它非常简单，一共只有三级代理，最高一级的是总代理，这其实是非常传统的营销模式，销售越多的级别越高，享受的折扣越大，零售则是线上线下统一价格，发货是由中央仓储直接发货，无须代理囤货，而结算也是由平台统一结算——这些和传统的地域分销代理并无二致，一个体系是以实现商品流通使用为目标，代理以获取批零价差为利润目标，最后实现商品的使用消化，从而投入到再生产环节，而不是以圈钱拉人为目标，这就是唯一的选项。所不同的是，这个体系比传统的地面体系更高效，更符合千金净雅的产品特征。

龙嫦毫无困难地打开了局面，她以前做美容认识的“小苹果”马上从她这里买走一批产品，成为二级代理，然后又是一个医药代表同行做了一级代理。从此她一发不可收拾，一边做零售一边招募新的代理商。从前做传统医疗销售积累下来的资源，都得到了最大限度的开发。她对于人际关系有着分明的底线和职业敏感，熟人要她送产品她就送，但绝不可以凭借送的产品去做代理。对于所有千金净雅的使用者她都记在心上，即使这个使用者一时无法成为代理，她也尽量让她们给其他人推荐千金净雅产品，再间接从里面寻找代理商。如此煞费苦心消耗的不仅是精力，还有眼力，为此她的大屏手机上贴的是300多元的保护膜。千金净雅的碎片化传播终于聚变为在微商上的巨大威力，如今她管理着一个庞大的“超凡团队”，已经成为公司的合伙人。在这个过程中她也面临过一些困惑，最主要的是随着她总代理事业的扩张，手下一级二级代理的人数越来越多，由于千金净雅在传播上的巨大成功，这些代理的出货量也不断攀升，达到一定数量也会升级为总代理，成为和她一样级别的分销商，从而不再从她手里批发产品，直接影响了她的业绩。龙嫦为此一度沮丧。领导开导她说，下面的人不升级，她们怎么赚钱呢？别总想着自己赚钱，大家好你才能真正好，你赚多了，自己的伙伴肯定会赚得少，有钱大家赚，团队才有活力，才能发展，大家的共同事业才能持续下去，你可以定一个新的目标，如果连续三个月完成50万元的销售，你还可以成为公司的官方合伙人，享受和公司同样的从千金药业拿货的批发价，那就朝这个方向努力吧……龙嫦后来给自己做了个规划，用1/3的时间持续开发直属代理，1/3的时间管理超凡群，1/3的时间鼓励优秀的一、二级代理升级。到了2016年10月份，奇迹出现了，超凡团队总体销售98万多元，11月份达到144万多元，接近官方考核任务的3倍。她以团队第一名的成绩正式升级为官方合伙人。

龙嫦的这段经历其实蕴含了盖诺微商体系的设计理念，一个代理管理的人数不能无限制增长，因为人数过多表面上是带来了销售的增长，但暗地里却不断增加着管理的难度，过多的人数却无法实现有效的管理，不但对品牌有害，而且代理的积极性到一定幅度后会出现停滞，就像一座过高的砖塔终究会崩塌。因此最有效的方式是让庞大的体系自然分裂瘦身。一个官方合伙人理想的状态是管理一到两百个总代理。例如龙嫦的微信群，它平时负担的功能就是搜集各种反馈，解答疑问，分享使用经验。微信群和产品特征竟然如此吻合——因为基于中医理论开发的千金净雅和西医产品是不同的。西医是一个很量化很清楚的标准，很多东西是无须讨论的，按照标准去执行就可以；而中医则是一个很经验、很因人而异的学科。作为具有辅助疗效的千金净雅，它非常需要搜集统计各种经验，这些经验会形成传播上的蝴蝶效应，平行蔓延到非常遥远的地方。

龙嫦自己也从微信群里面学了不少东西，遇到有意思的话，心里有所触动也会马上记录下来。她说孔子的一些说法好像对她很适用，比如时也，命也（时机决定命运）；慎始，善终（做之前要认真选择，选对了就要坚持下去）；尽人事，听天命（你只管努力去做事，其他的交给老天爷）。那些自己无法控制的时啊，天啊之类的，就是公司给她准备的一些规则，一些选项，一些机会，比如公司搞三八节活动，她五天时间就发展了700多个代理。对此她已经习以为常，她还得拼命学习，才能明白里面更深的含义。“人这一辈子一定要做好一件事，不做不会怎么样，但做了就会很不一样！”

评论 ||| 商品背书者

在采访完龙嫦之后，我遇到了一件闹心的小事。我在国内一个数一数二的电商平台上订购了两本书，那是非自营店的货。下单第二天，有人打来电话，说库房里只有一本，可不可以先发一本过来，我说可以。因此，收到那本书之后，我也没有去点击确定收货，因为还差一本，确实没有完成交易啊。但一个星期过后，奇迹出现了——我竟然收到了交易完成的短信！我不知道谁有这般神力代我去点击，并且我也不想去找客服了，我用30多块钱的损失明白了一个如此耀眼的电商，管理是多么的混乱。我也不想给那个第三方店打电话了，我很能理解他们卖出一本纸质书，而且是非流行读物有多么不容易，一个订单发货两次，快递费也许就把他们的利润给吞没了，他们应该也是文化人，就权且当作我们之间的惺惺相惜吧。

我想发的牢骚是用商品勾连起来的，人与人之间的关系。人与物之间的关系是复杂的，原本仅仅是物的东西，在资本运作下却迅速成为勾引人心的商品。而人与人因为商品之间建立的关系，以前会随着“交易完成”而迅速瓦解，而现在有售后服务、投诉之类的流程，却仍然是一种缓慢瓦解的过程，到底是快还是慢，由他们说了算。

这就是我们在活着时面临的无数巨大困境中最直接的一种，从来没有什么等价交换，总有一方是很被动的。鲍德里亚认为：“一种商品在市场上的成功，取决于它抹去生产的印记，任何征象性的踪迹，工厂的灰尘，机器的大批量铸造。”我想补充的是，一种商品最大的成功，乃是符号的成功，象征的成功，以至于它抹去了质量、售后、使用期限、价格之类的所有印记。但是，现在还有这样的商品吗？从前我们认为很多靠谱的日用品，遥不可及的奢侈品具备了这样的成功，但现在则很难做到了。因为我们有能力去体验大多数商品，而像微信微博这样的碎片化传播，更容易把成功的商品打回原形，如果没有网络，“气垫门”“电池门”之类的事情绝对不会迅速放大，而是会被主动的那一方压制。

回到微商这个行当上来，我感觉早期的微商产品和微商代理一样都是小白，它们仅仅是纯商品，而不具备上述的符号化功能，所以不怕人黑，也不怕混乱和投诉。而现在不一样了——在我的朋友圈里面，如果我发现一个人连续两年都在卖同一款产品，我就有了实验这个产品的勇气。在调查千金净雅微商模式的过程中，我发现了一件神奇的事，他们竟然实现了人和产品之间的亲密关系，他们的售前、售中和售后这个过程，并不是按时间顺序去完成的三个阶段，而是一个环形的结构，售前—售中—售后—售前—售中……由于微信的存在，这其实是一个开放的环，其中的最难点在于从售后到售前。售前是客户的注册、下单、支付，之前还有设计、生产、定价等环节。售中是物流，售后则是我们大家非常熟悉的。售后不但是完成传统的退换货，疑难解答，更重要的是界定人和商品之间的关系，让人的力量重新施加于商品，最后让人——无数的顾客和代理，成为商品的真正决策者，他们集体决定淘汰不合适的规格，增加更好的效果。如果他们想造反，一起去改变商品的定价也是可以做到的。由此，这些群体形成的波澜最后在一点一点地改变商品，从而对售前施加巨大的影响，这个环在结束的时候又重新开始了。

这个游戏显然是成功的，千金净雅在早已杀成红海的护理用品行业中得到了迅猛的提升，千金卫生用品股份有限公司总经理邱永龙先生说盖诺微商平台功不可没。而且武汉健民、九芝堂这些有着符号传统的企业也陆续加入了这个平台，传统的中医药销售也在开始裂变。我了解这些产品为何如此挑剔，因为这些产品和其他产品是不一样的，它会进入人的身体，成为人的一部分，和我买书完全是两码事，如果它们都不能信任背书，那将是整个社会的最大悲哀。

这个案例有很多显而易见的启发，比如省去了大量的广告推广成本、物流仓储成本、门店消耗，也有很多更深层的驱动，比如市场调研的方法、预防医学和亚健康的新发现，还有人性，人性中很多无意识的行为。

鲍德里亚说由于人天性中深不可测的邪恶，消费不仅只是通常意义上的对物品的购买、拥有和消耗，还有通过对物的符号建立物对人的统治性关系！这个听起来比人性更要邪恶，似乎也不无道理。比如古代国王的思维就会被国土和自然资源物品这些统治着，而普通消费者想要干翻一个商品，也不会比一场农民起义更容易。

下面节选一些我和千金卫生用品股份有限公司总经理邱永龙先生的对话，或许可以更透彻地看到微商和商品之间应该建立一个什么样的关系。

小白：千金作为一个有着悠久历史的大牌国企，开辟微商渠道，可以算传统名牌中的先行者，是不是一开始会有所顾虑？当初下定决心的重要原因是什么？

邱永龙：2013 年到 2014 年，微商发展非常快，有很多微商来谈合作，但因为不太了解这种商业模式，我们都拒绝了。到了 2015 年，社会上关于微商的负面新闻涌现，微商行业鱼龙混杂，面临重新洗牌。在这个冷静期，我们通过调研发现，作为一种新兴的商业模式，微商有很强的生命力，并且本身模式没有问题。通过前期的充分准备和与合作伙伴的平台对接，2015 年下半年，我们让千金净雅产品进入了微商领域。在国企里面，我们应该算最早的一批。

我之所以很有信心，是因为我们把这个模式研究透了，然后找到了一个正确的发展方向，其次是找到了合适的合作伙伴，盖诺平台的黄专等人有成熟的运作理念和架构，最主要的，是我们的理念是一致的，所以一拍即合。

一个有远见的战略眼光，使我们确定了一种可持续发展的主流微商模式，微商首先是千军万马的蓬勃发展期，其次是大浪淘沙的竞争期，最后，只有做得最好的几个品牌留下来，占据每个行业的市场。所以，做微商，我们就要做品牌微商，盖诺目前也只做上市企业有特色的产品或者国外产品。然后一定要有自己的团队，按自己的理念去做，这是我们一直在坚持的。

小白：国内护理用品行业竞争激烈，产品品牌、质量参差不齐，千金药业一直专注于女性健康领域，千金净雅从产品设计的品质、理念以及功能等方面是如何定位的，您认为千金净雅品牌的核心竞争力在哪里？

邱永龙：只有吻合消费者内心强烈需求的健康品质的产品，才是潮流产品。我们研发产品的时候，根据公司的战略，定位为女性高端、高品质用品。具体分三个层面来理解：第一，我们用行业内高标准、最好的材料来生产产品。千金净雅表层用的是美国进口的棉花、德国的水纺工艺以及我们千金特有的技术处理，做成特殊的千金棉。同时，我们的木浆是从加拿大和美国进口的，高分子技术是日本住友的。第二，千金净雅率先在行业内提出“医学级护理”的制造理念和消费概念。我们是要做干净的产品，产品从生产线上下来后，还要经过十几个小时的消毒，所以我们的产品是行业里面卫生标准最高的，达到了医疗器械的水平。第三，我们是千金药业的子公司，千金药业涉足妇科医药领域有 50 多年的历史，妇科千金片是治病，千金净雅与其是姊妹关系，重在预防妇科疾病，这在我们卫生巾行业内是独一无二的，也是我们产品的技术壁垒和核心竞争力。

千金净雅从品质、功能、理念等多方面打破常规，推陈出新，给这个行业带来了全新的风向。所以我们产品从 2013 年正式上市，仅三年多时间，线下渠道（沃尔玛、家乐福、大润发等超市以及一些知名药店）就遍布了全国 25 个省市，2017 年成为“湖南省知名品牌”。

小白：是不是产品的创新必然带来营销的创新？

邱永龙：我始终认为，一个企业的产品创新是关键。在千金净雅产品的研发阶段，我们花费了大量的人力、物力和财力，还邀请了享受国务院津贴的专家，总共耗费了两年时间。现在是一个产品丰富甚至过剩的时代，在产品上做文章，首先必须要做好产品升级，消费升级，一个全新的产品必然也会带来营销上的改变，我们坚持线下和线上并重，微商作为开辟营销渠道的一种创新，我们坚持精准的广告指向，对女性用户进行点对点的推广。除了向消费者提供一流的产品之外，千金净雅也在向所有女性传播一种积极向上的文化，一种健康的生活方式，来提高所有女性的生活品位和品质。

小白：从传统的广告、门店推广扩展到互联网的微信、朋友圈的推广，这些肯定是对千金品牌有巨大影响的，微商渠道意味着你们需要用十几万个销售去维护品牌，这样管理的难度是否加大了很多，对于企业来说，这个新的课题，你们是如何去应对的？这样庞大的销售体系，是否也给你们带来了好处，比如做市场调研之类的。

邱永龙：千金净雅进入微商渠道后，对我们品牌推广的作用是有穿透力的，传播是有正能量的，对品牌正面形象的维护也起到了一定作用。同时，也会有一些缺陷和需要注意的问题，首先就是一些经销商在宣传产品的过程中，可能存在过分夸大功效的情况，其次，我们对价格管控的难度加大了，因为微商是成千上万个个体。加入之前，要加强培训，树立品牌意识等，还需要加强监督环节。现在我们平台有机制，线下有一千多名销售人员，可以随时随地监督，发现情况可以及时纠正和处罚。对微商渠道而言，主要通过盖诺合理引导的方式来管理，监督方面主要由我们公司来做，因为每个商品都有二维码，依靠平台都能查到货物来源。总之，就是合理引导，严格监控。通过微商渠道，消费者对于产品反馈的问题变得更加细致和及时，我们也会收集相关信息，针对情况改进。

小白：微商平台的成功，是否对你们未来战略产生了影响，你们未来的增长点在哪里？

邱永龙：产品上市之前，我们已经制订好了战略规划，包括了品牌、产品、渠道设计以及人才队伍建设等等。千金净雅产品设计之初，我们的品牌规划就是要做高端、差异化的，能提升健康的产品，成为全国性的品牌，开辟医用级卫生用品，这个战略不会有任何改变。

微商是我们产品重点发展的领域。首先必须培养忠实消费者，这是走长期发展的根本。其次，是必须有持续的投入。我们不需要发展特别快，但要把平台搭得牢固和坚实，只做好的产品，坚持做好的产品，才能赢得消费者的信任，微商渠道也才可能健康持续。微商做好，必须要做连贯性的东西。比如目前盖诺做的护理用品、阿胶糕等都是围绕女性的产品，下一步我们准备上市的产品就是纸尿裤。千金一贯的研发理念是必须比其他产品强，带领行业升级，做领头羊。比如在卫生巾行业，我们千金净雅定位的高端产品是为这个行业升级拉开帷幕，我预计三到五年，我们的价格将成为城市主流消费的价格，因为现在整个趋势是中端产品增速放缓，高端产品的增速在提高，我们走在了前面。

小白：你认为微商要如何才能稳定和健康地发展？

邱永龙：微商要解决三个问题。第一是价格与价值要相符合。作为一个企业来说，消费者是终端，企业做得好不好，消费者愿不愿意自发地来买单是关键。很多微商做不下去，就是产品的价格远远超过价值，经销者只赚渠道的钱，时间长了，没人真正愿意为产品买单。我们的产品，商超卖什么价格，微商也卖什么价格，不存在差异。第二，是要扁平化管理，我们的货全部放到一个总仓里，每个微商的订单发过来，通过总仓直接发给消费者，减少了流通过程中对货品的损坏。第三，以销售为目的，不压货。我们的门槛很低，只要900元买三箱产品就可以成为代理，不增加个人的负担。盖诺为此专门做了物流和资金流两个系统，现在很多企业的人来和我们学这个系统。

在培养消费者方面，我们也有一些举措。首先是建立了会员中心，每个消费者都有一张积分卡，把消费我们产品的人聚集在一个平台，这个平台，我们不销售产品，只传达女性健康的专业知识，提高她们的忠诚度。其次，我们广泛地开展试用，我们做了很多的试用装，利用大数据、高科技进行精准的派发。

小白：这本书的读者是千万微商从业人员，对他们有什么建议吗？

邱永龙：我希望你们第一要选择好的产品，这是你们发展过程中决定性的因素；第二是你必须是努力加拼搏，做微商的前期肯定是有困难的，这和我们做品牌是一样的；第三，在发展客户的过程中，你要掌握一定的好技巧和方式，才能有好的发展。